초학자와 함께하는 계율 공부

초학자와 함께하는 계율 공부

정현淨現

담앤북스

추천사

모든 생명은 행복을 원합니다

생명의 존귀함은 아무리 강조해도 지나치지 않습니다. 생명의 가치는 이 세상을 다 준다고 하더라도 바꿀 수 없고, 또한 우리가 생각하는 모든 것을 이룰 수 있으며, 부처님이 될 수 있는 가능성도 있기 때문입니다. 우리 모두는 행복을 원하고 불행을 싫어합니다. 번뇌는 괴로움의 씨앗이고 깨달음은 행복의 씨앗입니다. 번뇌를 잡는 것이 계율이며, 번뇌를 묶어서 죽이는 것이 선정과 지혜입니다. 번뇌의 도적을 잡는 유일한 무기가 계율이므로 부처님께서 열반에 드시는 마지막 순간 유언으로 간곡하게 "계율로써 스승을 삼아라."라고 하셨습니다.

번뇌의 도적이 사라지면 깨달음의 지혜가 드러나고 번뇌의 구름이 걷히면 반야지혜의 태양이 찬란하게 빛납니다. 계율은 진정한 행복이 무엇이고 불행과 고통이 무엇인지를 가르쳐서 밝은 안목을 갖추게 합니다. 계율은 바른 정신과 밝은 마음으로 부끄럽지 않은 맑고 선한 공덕을 낳게 합니다.

대한불교조계종의 소의경전이며 수행 지침서인 『금강경』에서 말씀하십니다.

"여래 열반 후 후오백년(2500년)이 지나더라도 계율을 가지고 복덕을 닦는 사람이 있을 것이다. 이 사람은 이 『금강경』의 가르침에 능히 믿음을 낼 것이며 이 가르침으로 진실을 삼을 것이다."

또한 「보현행원품」에서 말씀하십니다.

"저는 이제 청정한 삼업으로 일체 모든 불보살님 전에 지성으로 참회하고 이후로 다시는 악업을 짓지 않고 청정한 계율의 일체 공덕에 머물러 있으오리다.”

청나라 말기 불교를 부흥시킨 허운 대사는 120세에 임종을 앞두고 유언으로 “부지런히 계정혜 삼학을 닦아서 반드시 탐진치를 소멸하라. 불법을 위해 목숨을 바치고, 서로가 서로를 존중하라. 불법을 보존하고 사원의 청규를 지켜 나가는 데는 오직 한 글자 바로 계戒이다.”라고 간곡하게 부촉하셨습니다. 모든 부처님과 조사들이 한결같이 계정혜 삼학의 균수를 강조하시며 계율이 없으면 선정이 생길 수 없고 선정이 없으면 지혜가 빛나지 않는다고 강조하셨습니다.

첨단 문명의 중심에서 살고 있는 우리들은 행복의 조건들을 충분히 갖추고 있으면서도 번뇌에 중독되어 오히려 부족하다고 느끼고 욕심과 분노의 어리석음을 향해 치열하게 달리고 있습니다. 그 결과 빈곤 분노 불안 두려움 불면증 우울 자살 등등 갖가지 고통을 호소하는 이들이 너무나 많습니다. 그리고 인간의 탐욕과 쾌락을 추구하는 어리석은 문명의 발달로 자연생태계가 심각한 상처를 받고 있습니다. 지구온난화, 기후변화, 자연재해 등이 끝없이 일어나 인간의 생명과 행복을 위협하고 있습니다.

부처님의 가르침인 자비와 지혜의 실천 없이는 인간성 회복과 생태계 복원은 어렵습니다. 특히나 계율을 중심으로 하는 도덕성 회복과 생명 존중, 가족 사랑 등의 보편적 행복 가치관을 세우는 일은 그 무엇보다도 중요합니다.

이러한 때에 봉녕사 율원의 정현 스님이 『수계 50문답』의 번역 출간에 이어 『초학자와 함께하는 계율공부』를 간행한다고 하니 참으로 제불보살이 환희찬탄하실 일입니다. 정현 스님은 출가 후 타이완의 비구니 계율 도량인 의덕사에 유학하여 계율을 정밀하게 익혔고, 삼업이 청정한 승보입니다. 계율을 막연히 어렵게 여기는 분들도 이 책을 읽다 보면 재미있는 설화를 읽는 것처럼 자연스럽게 계율의 청정한 공덕 세계로 들어갈 수 있을 것입니다.

도서출판 담앤북스의 오세룡 대표님과 직원가족들은 부루나의 원력을 계승하여 이 시대에 맞는 좋은 불서를 출판하여 대법륜을 굴려서 "전법합시다"라는 정신을 잘 실현하고 있습니다. 대표님과 편집진에게 감사의 말씀을 전합니다.

삼학이 온전치 못하고 덕행도 부족한 제가 추천의 글을 부탁받고 감당하기 어려웠지만 수희찬탄하는 마음으로 두서없는 몇 자로 추천사에 갈음하며 이 공덕으로 법륜이 항상 굴러서 법계의 모든 중생들이 평화롭고 행복하기를 기원합니다.

2023년 4월 좋은 날

송광사 조계총림 율주 **지현**

차례

무한한 자비심으로
계율을 만들어 주신
부처님께
지극한 마음으로
귀의합니다

추천사 4

비니장은 불법의 수명 14
출가가 어찌 작은 일이랴 19
계율과 집착 1 26
계율과 집착 2 30
수행자의 종합선물세트 36
출가자의 품격 1 40
출가자의 품격 2 44
출가자의 품격 3 48
율장과 남녀평등 52
부처님과 병든 비구 56

승가와
중생의 이익을 위해
율장을 가르쳐 오신
역대 스승들과
현재의 스승들께
예경합니다

타인의 허물 드러내는 방법 1 64
타인의 허물 드러내는 방법 2 68
계 받는 일의 중요성 72
양기의 등잔과 보수의 생강 78
출가자의 복장 82
안거 기간 중의 윤달 90
진정한 벗 93
사계捨戒와 재출가 98
정법이 오래 머무는 조건 108
사자상섭師資相攝의 의미 112

2600년 동안
살아 있는 전통으로
율장을 지켜 온
승가의 헤아릴 수 없이
많은 스님들께 절하옵니다

스승의 법과 제자의 법 118
아라한도 예외 없는 포살 125
출가자의 절 예법 130
발란타의 사후 재산 처리 136
망자의 물건을 나누는 갈마 143
남·북방 불교의 계율관 차이 147
율장의 중국 전래와 사분율 수계 153
남산율종의 특징 158
도선 율사의 계체론 162
도선 율사의 율장 해석 방법 169

이토록 귀한 계율을
승가공동체가 잘 받아 지녀
후대에 온전히
잘 전달하기를 발원합니다

사분율의 오의분통五義分通 178
재가자의 율장 이해 184
인연법을 따르는 수행 193
승가의 화합과 갈마 198
현전승가의 범위와 계界 203
비구승가와 비구니승가 207
갈마와 선거 제도 215
결계신고와 포살 218
수행과 교화의 삼륜三輪 222
계율은 속박인가? 227
계법戒法과 선행善行의 차이 230

원컨대
계율의 사다리를 의지하여
탐진치를 소멸하고
본래의 자성청정심으로 돌아가
모든 생명을
자비로 품겠습니다

온라인 수계식의 효력 236
학계學戒와 지계持戒 241
아난 존자의 입멸 244
수행자의 결기 248
지혜와 복덕 251
구족계와 보살계를 대립시키는 오해 255
불상이 만들어진 인연 261
우타연優陀延왕의 인생유전 266
작고 귀찮은 것들 예찬 274
출가자의 정체성 278

글을 마치며 282

무한한 자비심으로 계율을 만들어 주신 부처님께

지극한 마음으로 귀의합니다

비니장이 머무는 한

비니장은 불법의 수명

비니장이 세상에 머무는 한 불법 또한 세상에 머문다

"대덕이시여! 비니장은 불법의 수명입니다."

"비니장이 세상에 머무는 한 불법 또한 세상에 머문다"[1]

『선견율비바사』 권1, 「서품」에 오백결집에 관련한 이야기가 간단하게 나온다. 『경장』과 『율장』 가운데 어느 것을 먼저 결집할지 대중이 의견을 주고받는 장면과 갈마법을 통해 가섭 존자가 물으면 우파리 존자가 답하며 최종 결정이 이뤄지는 부분이다. 막연히 알고 있다고 생각했던 내용이지만 『율장』에서 관련 문장을 접하니 훨씬 실감이 나고 감개무량하다. 그때 그곳으로 잠시 이동해 보자.

1 『善見律毘婆沙』 卷1, T24, 674c22-675a1, "大德! 毘尼藏者是佛法壽, 毘尼藏住佛法亦住."

대덕 가섭 존자가 6월 17일 점심 공양을 마친 후 의발을 갖추고 법당에 들어갔다. 현자 아난은 자신이 증득한 것을 대중에게 알리려고 함께 들어가지 않았다. 대중들은 법랍의 차례대로 자리에 앉고 아난의 자리를 비워 두었다.

대중들이 상석의 스님들부터 차례로 인사를 하다가 빈자리에 이르자 물었다.

"이 자리는 누구를 위해 남겨 두었습니까?"

"아난 존자의 자리입니다."

"지금 아난 존자는 어디에 있습니까?"

아난은 대중들이 자신을 찾는 줄 알고 신족통을 써서 몸을 나투었다. 대중이 모두 자리에 앉자 대덕 가섭 존자가 장로들에게 말하였다.

"제일 먼저 『법장[경장]』을 설해야 합니까, 『비니장[율장]』을 설해야 합니까?"

모든 비구들이 대답하였다.

"대덕이시여! 비니장은 불법의 수명입니다. 비니장이 세상에 머물면 불법 역시 세상에 머물게 됩니다. 그러므로 우리는 먼저 비니장을 송출해야 합니다. 누가 송출 법사가 되겠습니까?"

장로 우파리가 대중 가운데서 말하였다.

"아난 존자가 법사가 되면 어떻겠습니까?"

"아난은 법사가 될 수 없습니다. 왜냐하면 부처님께서 세상에 계실 때 '나의 성문제자 가운데 지율 제일은 우파리다.'라고 항상 찬탄하셨기 때문입니다."

대중들이 말하였다.

"지금 바로 우파리 존자에게 물어서 비니장을 송출해야 합니다."

그러자 마하가섭과 우파리는 각각 백白갈마를 한 후 가섭이 묻고 우파리가 송출하였다.

"장로들은 들으십시오. 대중스님들이 모두 도착했고 때가 되었으면 스님들께서는 허락하소서. 제가 우파리에게 비니법을 묻겠습니다. 이와 같이 알립니다."

우파리 존자가 백갈마를 하였다.

"대덕스님들은 들으십시오! 대중스님들이 모두 도착했고 때가 되었으면 스님들께서는 허락하소서. 제가 지금 대덕 가섭에게 비니법을 말하겠습니다. 이와 같이 알립니다."

우파리 존자는 갈마를 끝내자 옷과 몸을 단정히 한 후 대덕 비구를 향하여 고개 숙여 절을 하고 법상에 올라 자리를 잡고 상아를 쥐고 일산을 폈다.

이렇게 가섭 존자가 묻고 우파리 존자가 답하여 송출한 율장이 「근본팔십송율」이다. 법상에 올라 문답을 한 횟수가 80회에 달해서 붙여진 이름이라고 한다. 「근본팔십송율」의 원형이 어떤 것인지 지금은 알 수 없다.

가섭에 이어 아난 - 말전지 - 상나화수 - 우바국다 존자에 이르기까지는 법과 율이 하나로 함께 전승되어 오다가 우바국다 존자에 이르러 출중한 제자 다섯 명이 인도 전역에서 동시에 법을 전하였다. 이들은 삼장을 연구하고 법을 펼치는 과정에서 서로 견해를 달리하면서 다섯 부파로 나눠졌다. 담무덕부曇無德部, 살바다부薩婆多部, 가섭유부迦葉遺部, 미사색부彌沙塞部, 파추부라부婆麤富羅部가 그것이다. 담무덕부의 소의율장은『사분율』, 살바다부는『십송율』, 미사색부는『오분율』이다. 가섭유부는 계본인『해탈계경』만 전해지고 광율은 소실되었으며, 파추부라부의 율장은 아예 전해지지 않는다. 뒤를 이어 부파불교시대가 본격적으로 열리면서 각 부파의 율장 또한 계속적으로 분파가 이뤄졌다.

위 다섯 부파의 율장에 대한 중국불교의 해석은 이들이「근본팔십송율」의 주요 내용을 포함하면서 부처님의 교설에 대한 채집자의 이해 및 교화 대상의 특성과 문화적 차이를 반영하면서 조금씩 변화가 이루어진 것으로 본다. 즉 다섯 부파의 율장들이 모두 부처님의 말씀과 사상을 담고 있되, 상호 간의 차이는 교화 지역의 문화와 교화 대상의 차이에 따른 지극히 자연스러운 결과라는 입장이다.

이러한 해석은 매우 타당해 보인다. 부처님께서는 교화하실 때 한 가지 언어로 법을 설하고 율을 제정하지 않으셨다. 교화하는 그 지역의 언어를 사용하셨기 때문에 많은 사람들에게 더욱 빠르게 널리

법이 전달될 수 있었다. 유사한 문제가 발생하더라도 교화 지역의 자연환경과 문화가 다르면 처방이 조금씩 달라질 수 있었고, 그에 따른 변경사항(variations)은 그 지역의 언어로 전달되었으며 타 언어권과의 교류 속도 또한 느렸으므로 율장의 기록에 조금씩 차이가 발생하는 것은 매우 자연스럽다. 이것은 율장이 고인 물처럼 죽어 있는 것이 아니라 승가의 삶 속에서 생생하게 살아 숨 쉬는 유기체적 역할을 한다는 방증이기도 하다.

이처럼 불법의 수명을 좌우하는 비니장을 부처님 제자로서 어찌 소홀히 할 수 있겠는가!

출가가 어찌 작은 일이랴

수행자가 도력이 있어도 밖으로 드러나는 것은 언행

현대사의 숱한 굴곡과 역경을 겪으면서 일평생 수행자의 삶을 살아오신 선배스님들께 존경과 감사의 말씀을 올린다. 일본의 많은 고찰들이 오랜 역사 속에서 잘 보존되어 왔음에도 불구하고 출가자가 살지 않음으로 인해 마치 박제화된 느낌을 준다면 우리나라 사찰은 역사가 오래된 곳이든 새로 지어진 곳이든 어디를 가도 아직은 출가자를 만날 수 있다. 2018년 유네스코 세계유산 등재 조건인 '탁월한 보편적 가치 기준'에 해당하는 일곱 군데의 사찰을 세계유산으로 등재할 수 있었던 실질적인 이유도 사찰이 수행 공간이면서 생활 공간으로서 생명력을 유지해 왔기 때문이다. 이는 소욕지족을 가치로 삼고, 자발적 고난을 기꺼이 감수하며, 승가와 대중을 존중하고, 시주의 은혜를 두려워할 줄 알며, 사람들에게 행복을 주고 고통을 덜어주는 보살행을 실천해 온 선배스님들의 수행과 교화의 결과물이다.

앞으로 논의할 주제들은 오늘날 우리가 부딪치는 다양한 문제들에 대한 담론을 포함하고 있다. 자칫 현재를 있게 한 과거에 대한 비판으로 비춰질 수도 있지만 이 글은 누군가에 대한 평가를 목적으로 하지 않는다. 책을 구상하게 된 동기는 후배 수행자들이 불필요한 고뇌나 시간 낭비를 하지 않고 최대한 효율적으로 출가 목적을 달성할 수 있도록 계율과 율장에 대한 관심과 이해를 이끌어 내는 데 있다.

사회가 결과와 과정을 모두 중시하고 정의와 가치를 추구하는 방향으로 나아가면서 종교인을 향한 윤리적이고 도덕적인 잣대가 더욱 엄격해지고 있다. 출가자의 규범과 행위가 정밀해지지 않으면 쉽게 세간의 비판을 받고, 새로운 출가자는 지속적으로 감소하며, 큰 마음으로 출가한 이들조차 세속적 가치를 떨치기 힘들고 종국에는 교단의 존립까지 위험해질 수 있다.

수행자의 도력이 아무리 높더라도 밖으로 드러나는 것은 그의 언행이다. 행위가 법답지 못하고 수행자답지 못하면 승단 내·외부적으로 문제가 발생한다. 특히 사회와의 접점에서 발생하는 문제를 승가가 자체적으로 해결하지 못하면 개선을 위한 선의의 논의들조차 부메랑이 되어 전체 승단에 부정적인 영향을 미친다. 이와 반대로 개개인이 부처님 법에 부합하는 청정한 행위를 삶에서 드러낼 때 승단은 비로소 귀의할 가치가 있는 대상이 된다.

서산 대사의 『선가귀감』에 이런 구절이 있다.

"출가하여 중이 되는 것이 어찌 작은 일이랴! 몸의 편안함을 구하려는 것도 아니며, 따듯이 입고 배불리 먹으려는 것도 아니며, 명예와 재물을 구하려는 것도 아니다. 나고 죽음을 면하려는 것이며, 번뇌를 끊으려는 것이며, 부처님의 지혜를 이으려는 것이며, 삼계에서 벗어나 중생을 건지려는 것이다."

이 말씀은 시대와 세대를 막론하고 출가하는 이유와 목적을 가장 적절하게 표현하고 있다.

계정혜 삼학의 요체를 담고 있는 삼장 가운데 경장과 논장이 심법을 강조하는 반면, 율장은 출가자가 신구의 삼업을 어떻게 다루어야 번뇌를 없애고 해탈에 가까이 갈 수 있는지를 논한다. 거친 번뇌부터 보이지 않는 미세한 번뇌까지 점점 제거해 가는 수행의 차제로 볼 때 초학 수행자가 먼저 익혀야 할 것은 율장이다. 그래서 부처님께서는 구족계를 받은 비구는 5년, 비구니는 6년 동안 우선적으로 율장을 배우라고 하셨다. 한국, 중국, 대만, 베트남 등은 여러 율장 가운데 사분율장을 위주로 한다. 한국에서 비구가 되려면 사분율장에 의거하여 구족계를 받아야 한다. 그런데 사분율장은 수계의 형식적 요건으로 사용되고 있을 뿐, 출가자의 의식주와 수행에 필요한 현실 규범으로서 작동되지 못하고 있는 현실이다.

삶을 둘러싼 환경의 급격한 변화는 사회적 가치의 다원화·복잡화를 초래했다. 지금 출가하는 세대들은 선배 세대와는 확연히 다른 환경에서 자랐다. 지난 30년 동안 사람들의 생활방식과 가치관을 가장 크게 변화시킨 사건은 서울올림픽대회 이후 시작된 해외여행 자유화, 인터넷의 상용화, 그리고 스마트폰의 일상화라고 생각한다.[2] 20대에 이를 경험한 사람으로서 세 가지 사건 전후로 삶의 방식과 가치관이 얼마나 달라졌는지 선명하게 각인되어 있다. 아날로그와 디지털로 대변되는 가치관과 문화의 차이는 승단과 구성원의 삶에도 고스란히 영향을 미쳤다.

<경향신문>의 한 기사[3]에 따르면 특히 지금 20대는 정치·사회·경제 모든 분야에서 완전무결한 '정직'과 '과정상의 공정'을 요구하고, 남녀 모두 젠더 감수성이 높다고 한다. 또한 내가 지키지 못하는 것을 남에게 강요하지 말라는 것이 젊은 세대의 특징이라고 한다.

물질적으로 풍요롭고 디지털 및 네트워크가 일상이 된 사회에서 성장한 세대는 보편적으로 개인주의 성향이 강하고 감성적 요소가 중시되며 감각적 욕망에 충실하다. 상황에 대한 빠른 결단과 변화를 선호하며, 권위에의 복종을 거부하고 소통을 중시한다. 이런 환경에서는 출가의 마음을 내기도 어렵고, 발심출가 했더라도 물질적 편리와 개인주의에 익숙한 의식구조와 생활패턴에서 벗어나기 어렵다.

---

2 전 국민의 해외여행 자유화는 1988년 서울올림픽대회가 끝나고 시작되었다. 1994년 넷스케이프 회사가 최초의 상용 인터넷 브라우저인 네비게이터를 개발하였으나 각 가정에 컴퓨터와 인터넷 사용이 보편화된 것은 1995년 마이크로소프트가 자사 컴퓨터에 익스플로러를 탑재하여 팔기 시작하면서부터이다. 2009년 아이폰이 국내에 처음 들어왔고 삼성이 갤럭시폰을 개발하면서 스마트폰이 보급되었다.

3 윤호우 기자, '우린 달라요' 개인주의 시대가 왔다!, 경향신문(인터넷판), 2019. 9. 7.

해탈과 열반이라는 높은 이상은 가지고 있으나 그것을 성취하기 위해 신구의 삼업을 단련하는 일은 쉽지 않다. 절집에서 요구하는 일들은 생전 처음 해 보는 것이 대다수이고, 인간관계는 여전히 힘들며, 삶의 궤적이 전혀 다른 사람들과 24시간 함께하며 부딪치는 강원생활도 힘에 겹다. 그래서 큰마음 먹고 실행한 출가가 환속으로 귀결되기도 한다. 수습 기간을 참고 견뎌 구족계만 받으면 원하는 대로 자유로운 삶을 살 수 있을 줄 알았건만 본사나 은사스님이 요구하는 소임은 막막하다. 우아하게 선방에만 앉을 수 있는 청복은 누리기 어렵고 바쁜 현실 속에서 수행에 대한 갈망은 있어도 선지식을 참방하며 수행 지도를 받을 기회는 재가불자보다 희박하다.

이것이 지금의 출가자, 특히 초학자들이 겪고 있는 애로사항이다. 이런 측면에서 보면 재가불자의 신분이 아상·인상·중생상·수자상에 중상[僧相]까지 추가되는 출가자보다 유리하다는 어느 스님의 말씀이 헛되게 느껴지지 않는다. 수행 측면에서 보면 물질적으로 부족하고 공동체 의식이 중시되던 선배 세대에 비해 지금이 공부하기 더 힘들지도 모르겠다. 이런 시대에 산문에 들어선 후배스님들을 보면 기특하기도 하고 귀한 존재라는 생각이 절로 일어난다.

『불설출가공덕경佛說出家功德經』에 아난이 부처님께 출가의 공덕이 얼마나 되는지 질문한다. 부처님께서는 "내가 다함없는 지혜로 백 년 동안 밥 먹는 시간을 제외한 모든 시간을 써서 이야기하더라도 출가의 공덕을 다 설명하지 못한다."라고 답하셨다. 이토록 귀한 출가를 하였으니 우리는 어떻게 해서라도 이 생을 멋지게 살아 내야 하고 수행의 길에서 만나게 되는 갖가지 장애를 지혜롭게 헤쳐 나갈 수 있는 능력을 키워야 한다. 그러기 위해서는 법과 율에 의지하라는 부처님 말씀대로 우선 계율에 대한 이해와 실천이 기초가 되어야 한다. 계율로써 여섯 도둑의 거칠고 난폭한 움직임을 잡아채야 선정수행이든 관법수행이든 염불수행이든 다음 단계로 들어갈 수 있다. 복잡하고 혼란한 시대일수록 삿된 견해가 번성하기 때문에 수행자조차도 정正과 사邪를 가려내고 가짜 선지식을 구분하기 어렵다. 특히 초학자는 참과 거짓을 가려내는 안목이 절대적으로 필요한데 이 또한 율장의 이해를 통해 자연스레 길러진다.

물론 모든 불교 수행자들 혹은 모든 사찰에서 율장에서 정한 조건대로 계목을 온전히 지키면서 살 수는 없다. 인연과 근기 따라 선수행을 하는 곳도 필요하고, 염불수행을 하는 곳도 있어야 하며, 전법도량도 있어야 한다. 어떤 수행법을 중심에 두느냐에 따라 계율, 특히 성문율의 실천 정도는 그 폭이 다양할 수밖에 없다. 그러나 모든 수행자가 율장의 이해를 통해 계율의 중요성을 올바로 인식하고, 청정계체를 지키려는 실천 의지를 가져야 승단의 뿌리가 튼튼해질 수 있다. 오늘날 대만의 불교가 사회적으로 존경 받는 이유는 여러 가지가 있지만 그중에서도 율장을 연찬하면서 지계지율의 풍토를 지키는 율종도량과 청정한 스님들의 존재가 큰 역할을 했다. 서구의 신생 비구니승단이나 상좌부의 비구니승단은 선대가 남겨 준 기반이 없으므로 건강한 승가공동체를 세우기 위해 출발부터 율장 연구와 계율 실천을 함께 진행하고 있다.

1600년 불교의 유수한 전통과 아름다운 사찰문화를 간직한 한국불교가 계율이라는 기초의 허약성 때문에 흔들리는 모습을 보는 것은 참으로 서글픈 일이다. 그러나 수행자들이 사분율장에 대한 진정한 이해와 실천을 통해 청정한 수행가풍을 회복하기만 하면 계정혜 삼학의 원융으로 만들어지는 시너지 효과로 수행은 합당한 결실을 맺을 것이고 더 많은 사람들과 불법의 이익을 나눌 수 있을 것이다.

계율과 집착 1

계율을 엄정히 지키려는 것이 경계 대상인가

혹여 오해가 있을까 하여 미리 말하지만 아래의 글에 등장하는 스님은 지방에서 열정적으로 포교하는 분이다. 스님께서는 참선을 오랫동안 한 후 대중포교의 원력을 세우고 지방 도시에서 활발한 법회활동과 신도들과 함께하는 다양한 사회봉사활동으로 지역사회로부터 사랑과 존경을 받고 계신다. 열린 사고와 긍정적 포용력을 지닌 스님의 계율에 대한 관점이 많은 이들의 보편적 견해와 비슷한 느낌이 드는 이야기를 나눈 적이 있다. 이하는 스님의 말씀을 중심으로 필자의 의견을 보탠 편지글이다.

“수행을 위한 계율이어야 한다.”는 스님 말씀이 바로 『능엄경』에서 말하는 “계로 인해 선정이 생기고 선정으로 인해 지혜가 발한다.”와 상통합니다. 문제로 지적하신 ‘계율을 위한 계율이 되어 버리는 것’은 『청정도론』에서 말하는 ‘정체에 빠진 계율’입니다.

인용해 보겠습니다.

“계를 성취한 것에만 기뻐하여 명상 주제를 수행할 마음을 내지 않고 계를 가진 것으로만 만족하여 향상을 위해 애쓰지 않는 이 비구의 계는 정체에 빠진 것이다. 계를 지니고 삼매를 위해 노력하는 이 비구의 계는 수승함에 동참하는 것이다. 계를 지님만으로 만족하지 않고, 꿰뚫음을 위해 수행하는 이 비구의 계는 꿰뚫음(즉 지혜, 통찰을 의미함)에 동참하는 것이다.”[4]

그런데 율장을 올바르게 이해하고 나면 부처님께서 계율을 제정하신 뜻과 효용 가치를 자연스레 알 수 있습니다. 제대로 이해한다면 누구도 계율을 위한 계율에 멈춰질 수 없고 정체에 빠진 계에 머물 수가 없습니다. 계율의 그물로 삼업의 쓰레기를 건져 내고 나면 마음바다가 맑아질 것이고 물결은 잔잔해질 것입니다. 이런 상태에서 경전을 보게 되면 이해가 깊어집니다. 이것이 바로 청정계행이 자연스럽게 선정과 지혜로 이어지는 과정이고, 그 결과 우리는 궁극적인 해탈에 이를 수 있게 될 것입니다.

저는 여기서 한 가지 큰 의문이 생기는데 우리는 왜 계율 이야기만 꺼내면 자동적으로 ‘계율에 대한 집착’을 경계하는 말부터 할까

---

4 붓다고사 저, 대림 역, 『청정도론』 1, 초기불전연구원, 2004년, 146쪽.

요. 왜 계율을 수행 주제로 삼은 이들을 불편해하고 알게 모르게 비판하기도 할까요. 그가 계상을 상세히 익히고 실천하는 것이 어떤 문제일까요.

염불을 수행 주제로 삼은 이가 자나 깨나 아미타부처님을 부르는 것은 비판받지 않습니다. 참선수행자가 화두를 줄곧 붙들고 있는 것 또한 비판하지 않습니다. 모든 수행법은 어느 정도의 경지에 도달하기까지는, 특히 초학자의 경우에는 엄격한 훈련 과정이 필요합니다. 초심자는 화두수행도 과하다 싶을 정도로 치열하게 밀어붙여야 하는 시기가 있어야 하고, 염불도 억지로 형식적으로라도 아미타부처님을 부르는 과정이 있어야 합니다.

저는 계율 또한 마찬가지라고 생각합니다. 초학자는 계목에 대해 상세히 알고 이러한 계목들을 집착이라고 보일 정도로 엄격하게 지키려는 자세가 필요합니다. 이런 과정을 거치면서 단련하다 보면 계율이 지닌 공능을 이해하고 어떤 상황이 닥치더라도 지범개차持犯開遮를 지혜롭게 쓸 수 있습니다. 그렇지 않고 행해지는 대다수의 개차법은 자신의 편의를 도모하기 위한 변명이나 합리화 수단으로 쓰일 가능성이 있습니다. 심각해지면 중생을 위해서 살·도·음·망의 중죄까지도 범할 수 있다는 식의 잘못된 개차법으로 무거운 업을 짓게 됩니다.

참선을 위한 참선, 염불을 위한 염불, 계율을 위한 계율은 동일한 맥락에서 보면 모두 '형식'에 대한 집착입니다. 이런 '집착심'을 가지고는 어느 누구도 해탈로 나아가지 못합니다. 그런데도 유독 계율에 대해서만 어떤 마음 자세로 임하는지 상관없이 집착에 대한 경계의 말부터 꺼내는 것은 혹시라도 그가 지계청정을 위해 애쓰는 노력이 우리의 삶과 수행을 불편하게 만들기 때문일까요, 상대적으로 되돌아오게 될지 모를 어떤 비난으로부터 스스로를 보호하기 위한 심리적 방어일까요, 아니면 진정으로 상대방의 수행과 성장을 염려하는 자비심에서 나오는 조언일까요.

각자의 인연 따라 어떤 방식의 수행을 선택하든 그것이 우리를 탐진치의 속박과 고통으로부터 벗어나게 만든다면 선방편이 될 것입니다. 반대로 아무리 좋은 방법이라도 사용하는 사람이 집착심으로 매달린다면 번뇌와 고통만 키울 것입니다. 계율 역시 그것에서 벗어나지 않는다는 생각을 합니다. 물론 현상계에는 스님께서 말씀하신 '계율에 집착하는 폐해'가 있지만 그것 역시 계행에 대한 지나친 중시가 전제되어야 가능한 일이니, 작금의 상황은 그런 폐해가 있을 정도로 계율이 중시되기만 해도 좋을 것 같습니다.

계율과 집착 2

스님에게 술과 고기를 권하는 과보

출가자가 상세한 계목을 연구하고 익히고, 자신의 일상에서 소소한 계율까지 세심하게 지켜 나가는 것을 보게 되면 격려를 보내 주는 문화가 정착되기를 희망합니다. “비록 나의 상황과 여건은 그러하지 못하지만 당신은 계율을 지키려 애쓰는 모습을 보니 참으로 기쁩니다.”라는 수희찬탄의 마음을 내면 상대방의 지계공덕이 나에게도 오겠지요. 우리는 최선을 다해 수행자가 계행을 지킬 수 있도록 도와주고 보호해 줘야 합니다.

재가불자들 역시 마찬가지입니다. 스님을 향해 술이나 고기를 건네면서 “몸도 있어야 수행을 하지요.” 혹은 “대중을 위해서 드세요.”라는 등의 말씀을 함부로 하지 않으시길 바랍니다. 가볍게 던진 한마디 말이 무량공덕이 아닌 무거운 과보를 부르는 인이 되기 때문입니다. 함께 공부하는 도반이나 동료가 오계와 팔관재계를 지키려고 술을 마시거나 육식을 하지 않는다면 그의 행을 수희찬탄하고 보호해 줘야 합니다. 누군가 그에게 술을 강권하면 옆자리에서 대신 받아 주세요. 채식을 하는 이가 있다면 야채가 듬뿍 든 음식 하나를 더 주문해 주시든지 여의치 않으면 자기 앞에 놓인 야채 접시를 은근슬쩍 밀어 주는 것도 좋겠습니다. 앞으로의 세상은 오계와 팔관재계를 받은 불자들이 당당한 기개로 "나는 계를 받았기 때문에 술을 마시지 않는다."라고 말할 수 있게 되기를 희망합니다. 이렇게 소소하게 실행하고 선법을 찬탄하는 작은 노력들이 시작되면 맑은 시냇물이 모여 주변의 초목을 윤택하게 만들 듯 한국불교와 불자들에게 좋은 기운을 주리라 생각합니다.

지금까지 우리 문화는 그런 이를 보면 '유별나게 군다. 집착하지 말라. 너만 청정하냐.' 등의 반응으로 상대방을 위축시키고 계행을 깨뜨리도록 무의식적으로 강권해 온 것이 사실입니다. 불자로서 이런 말과 행동을 하면 나쁜 업을 짓는 것이며, 상대방의 청정계행을 무너뜨리면 중죄의 과보를 받게 됩니다.

"계율을 너무 강조하면 깨달음을 얻는 대자유인이 나오기 어렵다. 불법이 흥성하는 것은 율종의 대스승이 출현해서가 아니라 진정 깨달음을 이룬 스승이 출현해서 창대해진 것이다."라는 스님의 말씀에 저는 공감하지 않습니다. 역사에 출현했던 대스승들 가운데 특정 종파나 수행법에 집착하고 거기에만 매몰된 분은 없습니다. 그랬다면 결코 위대한 스승이 되지 못했을 테니까요. 그분들의 공통점은 하나같이 청정한 계행을 기본으로 선정과 지혜를 모두 구족하셨다는 것입니다. 위대한 스승은 그렇게 탄생한 것이지 어느 종파에 소속되어 있어서 탄생하거나 탄생하지 못한 것이 아닙니다. 최근에 이르러서야 한 가지 분야에 깊이 들어가기에도 일생이 부족하니 율사, 선사, 강사라는 구분이 생겼지만 큰 성과를 이룬 스승들은 선사이면서 강사이면서 동시에 율사였습니다.

도선 율사(596~667)는 비록 율사라는 명칭으로 불리지만 현장삼장의 역경장에 참여하기도 했고, 90일 동안 눕지도 자지도 않는 반주삼매般舟三昧수행을 스무 번 이상 했다[5]는 기록이 있을 정도로 지관수행이 뛰어난 분으로 천인의 공양을 받았다는 기록까지 있습니다. 남산삼대부[6]라 불리는 『사분율』 주석서를 포함한 여러 계율서적 외에도 고승들의 행적을 기록한 『속고승전續高僧傳』,[7] 불법의 우수성을 알

---

5 스무 번 이상의 반주삼매 수행은 최소 7년이 소요된다.

6 북방불교 계율 해석의 백과사전이라고 부를 수 있는 남산삼대부는 『사분율산번보궐행사초』 12권, 『사분율함주계본소』 4권, 『사분율산보수기갈마소』 4권을 일컫는다. 『행사초』는 31세(40세에 개정), 『계본소』는 39세(55세에 개정), 『갈마소』는 40세(53세에 개정)에 쓴 책이다.

7 『속고승전』은 양나라 혜교(慧皎, 497~554)가 쓴 『고승전』에 기록된 옛 고승을 비롯해 새로이 추가한 고승들의 행적을 기록한 전기이다. 340인의 정전(正傳)과 160인의 부견(附見)이 있는데 도선 율사는 최대한 직접 친견 혹은 관련 장소나 지역을 현장방문 하는 방식으로 기록하였다고 한다. 책의 구성은 1. 역경 2. 의해 3. 습선 4. 명률 5. 호법 6. 감통 7. 유신(遺身) 8. 독송 9. 흥복 10. 잡과(雜科)의 십과로 나눠져 있다. 이 가운데 「호법편」에는 '당신라국대승통석자장전'이 실려 있다. 도선 율사는 자장 율사가 638년에 당나라에 들어간 후 종남산 운제사에 3년간 머물 때 교류하였다. 신라에 불법이 들어간 지 이백 년이 채 안 되었는데 자장 율사를 국통으로 삼아 보름마다 계를 설하고 계율에 의해 참회법을 실시하며 봄가을로 시험을 봐서 지범(持犯)을 알게 하는 등 여법하게 불법수행이 이뤄지는 신라불교와 자장 율사에 대해 관심이 많았던 듯하다. 참고로 도선 율사가 정업사에 계단을 설립하고 수계식을 한 때가 667년 2월이고 그해 10월에 입적했다. 자장 율사가 통도사에 금강계단을 설립한 것은 이보다 20년 이상 앞선 646년이었다.

리는 글을 모은 『광홍명집廣弘明集』, 의식집인 『석문장복의釋門章服儀』와 『석문귀경의釋門歸敬儀』, 경전목록을 기록한 『대당내전록大唐內典錄』, 제자에게 수행의 요체를 전하는 『정심계관법淨心誡觀法』 등 많은 서적을 편찬하셨습니다.

백련결사의 혜원 스님(334~416) 또한 병환 중에 오후의 미음을 권하는 제자들에게 비시식非時食을 허락하는 근거를 가져오라고 한 후 제자가 율사에게 근거를 청하러 간 사이에 열반에 드셨습니다.

명나라 말기의 영봉우익 대사(1599~1655)는 선과 천태, 화엄, 유식 및 정토 등에 융통한 분이지만 율장을 두루 열람하고 주석서를 쓰고 계행을 엄정히 하신 율사이기도 합니다. 효봉 스님, 자운 스님, 일타 스님뿐만 아니라 최근에 입적하신 법정 스님, 보성 스님 등 한국불교의 큰 선지식이셨던 어른들의 행적도 마찬가지입니다.

선종의 많은 대스승들께서도 지계를 소홀히 한 분이 없는 줄 압니다. 다만 후학을 가르치기 위한 수단으로 집착을 깨뜨리기 위해 방편법을 시설하신 경우는 있겠지요. 근대 중국의 격변기에 불교를 지키며 선종의 맥을 이어 온 허운 대사(1840~1959)는 전국에 많은 사찰을 짓고 어느 도량에서든지 포살과 안거를 하셨습니다. 출가자가 안거를 하지 않고 송계를 할 줄 모르면 몸과 마음에서 계정혜 삼학을 발현해 낼 수 없다고 누차 강조하셨지요. 임종 직전 “수행의 요체가 무엇입니까?”라는 제자의 질문에 마지막 말씀이 “계戒”라는 한마디였습니다. 이분들의 엄정한 계행을 계율에 집착하는 행위라고 말할 수 있을까요?

“사람들이 나이가 들면 율법을 권력으로 삼으려 한다.”라고 하셨는데 말씀하신 율법이 무엇인지 모르겠습니다만 만약 그런 사람이 있다면 부처님의 율법을 권력으로 삼는 것이 아니라 율법이라는 명칭과 껍질을 빌려 와 자신의 욕망을 충족시키는 방편으로 삼는 자일 것입니다. 그런 이들을 올바로 분별해 내기 위해서라도 우리는 율에 대해서 바르게 알아야 한다고 생각합니다. 제가 만나 본 계행청정한 분들은 맑고 그윽한 계향을 누구나 느낄 수 있을 정도로 안정적이고 자비로운 기운이 가득했습니다.

끝으로 은사스님께서 생전에 하시던 말씀을 기억해 봅니다.

“지계라는 것은 남에게 보이기 위한 장식품이 아닙니다. 성불의 길로 가는 자기 자신의 자등명법등명自燈明法燈明이라고 생각해야 합니다.”

어찌 작은 일이랴

수행자의 종합선물세트

한국불교에서 율장의 현실 적용은 부적절한 것일까

불교계 안팎의 상황을 멀찍이서 바라보고 있노라면 부처님께서 제정하신 율장에 대한 총체적 인식 변화가 필요함을 더욱 실감한다. 게다가 왜 부처님께서 제자들에게 먼저 5~6년 율장을 배우라고 하셨는지도 이해가 된다.

부처님께서 팔만사천의 법문을 말씀하셨지만 출가자라면 누구나 알고 실천해야 한다고 특정하신 경장은 없다. 근기와 인연 따라 법을 펼치셨기 때문이다. 그런데 율장만은 모든 비구들에게 반드시 익히고 실행하라고 하셨다. 법랍 5년이 지나도록 계율을 소홀히 하거나 배우지 않아서 바라제목차나 갈마법을 모르는 무지한 비구에게는 승단의 중요한 일은 물론 사소한 직무도 맡기지 말고 평생 동안 스승 곁을 떠나지 못하도록 정하셨다.

사분율장은 바라제목차 해설, 건도, 집법集法, 조부調部, 비니증일毘尼增一로 구성되어 있다. 바라제목차 해설에는 비구 250계와 비구니

348계가 만들어지게 된 사건과 배경, 죄가 되는 범계 조건, 동일한 행위가 특별한 상황에서 허용되는 예외 조건, 각 용어의 설명 등 흥미진진한 이야기가 스토리텔링 형식으로 나열되어 있다. 이 과정을 보면 부처님께서는 수행자가 지녀야 할 위의와 마음 자세를 아주 상세히 가르치셨음을 알 수 있다.

그다음으로 중요한 것은 건도부에 들어 있는 갈마법 혹은 작지법이다. 승가공동체적 관점에서 주로 접근하는 것으로서 승가를 구성하고 운영하는 방식, 잘못을 저지른 구성원들에게 청정성을 회복시켜 주는 방식, 분쟁이 발생했을 때 해결하는 절차, 법이 연결 · 유지되는 방식, 스승과 제자의 역할과 의무 등 승가의 여법한 일상생활을 고스란히 드러내는 광범위한 담론과 갈마 방법이 제시된다.

출가수행자가 율장을 5~6년 공부한 후 얻게 되는 결과물은 정견과 사견을 가려낼 수 있는 안목과 여법여율한 승단의 운영을 통해 확보되는 화합과 청정의 중요성에 대한 인식이다. 인식이 없으면 실천이 따를 수 없으므로 특히 초학자는 율장의 정신을 제대로 알아야 한다. 승단과 구성원의 행위가 내 · 외적으로 물의를 일으켰을 때나 범계 여부에 대한 적절한 판단과 참회법 등을 적용할 때 특정인의 성품이나 기호에 좌우되지 않고 법과 율에서 정한 기본대로 판단하고, 정리하고, 조정하려는 승가다운 해법이 가능해진다. 이렇게 되어야 승가는 청정해지고 화합할 수 있다. 화합하는 승가의 평온한 분위기에서는 아무리 거친 전생업을 가지고 출가한 이라도 번뇌를 조복하면서 한 발자국씩 성장할 수 있다.

평범한 범부가 삭발염의를 통해 출가의 형식을 갖추고 수계를 통해 계체를 받더라도, 계행을 통한 꾸준한 내적 변이를 거쳐야 비로소 승격僧格이 갖춰진다. 출가자의 내적 변이를 이끌어 내고 승격을 깊이 있게 체화할 수 있는 가장 법답고 보편적인 재료는 율장의 풍부한 사례들이다. 출가자들이 모인 승단이 여러 가지 문제와 사건에 휩싸일 때마다 부처님께서는 먼저 사실관계를 정확히 파악하고, 꾸짖을 자는 꾸짖고, 참회를 통해 청정을 회복시켜 함께 나아가게 하고, 지켜 가야 할 것들과 버려야 할 것들을 구분해 내는 모든 장치를 율장 속에 남겨 두셨다.

부처님께서 제자를 위해 자비로 남겨 주신 종합선물세트의 뚜껑조차 열어 보지 않고 현실에 적용하기 부적절하다는 말을 쏟아 내는 것은 자기합리화를 위한 변명일 뿐이다. 같은 시대를 살고 있는 여러 불교국가권 중 한국 승가만 율장이 적용될 수 없는 특별한 현실은 아니다. 지구상의 모든 출가자가 공통적으로 추구하는 유일한 가치는 번뇌를 여의고 해탈열반에 이르는 것이다. 이것이 출세간법이다. 그 목적을 최대한 쉽게 이룰 수 있는 방편이 담긴 율장의 가르침을 소홀히 하고 청규나 법규의 변용만을 이야기하거나 불완전한 세간법의 형식을 빌려 승가를 관리하는 것은 바람직하지 않다. 현대사회의 어떤 법과 제도도 완벽할 수 없다. 백 번 양보하여 그런 것이 있다 해도 결국은 사용자의 자질에 따라 선악이 결정된다. 그것이 세간법의 특징이다. 세간법의 형식을 빌린 종법만으로 출세간을 지향하는 수행자의 자질을 다듬고 인품을 높일 수 있을까 의문이다.

부처님께서 설하신 모든 법은 각자의 삶에서 실천되었을 때 진정한 의의가 있으며 특히 율장은 개인과 단체의 실행을 생명으로 한다. 강당에서 가르치기만 하고 승단 내에서 일반적으로 쓰이지 않을 경우 불법의 수명을 좌우하는 율장의 엄청난 효용을 결코 알 수 없다. 다시 한번 강조하지만 부처님께서 45년간 교화하면서 모든 출가자에게 반드시 익혀야 한다고 일관되게 강조하신 법이 바로 율장이다.

최근 들어 각 총림에 율원이 늘어난 것은 고무적인 변화이다. 하지만 중요한 것은 율원의 숫자가 아니라 율장에 시설된 여법한 승단 운영방식이 적용될 수 있도록 현실화하여 승가의 실생활에서 실천하도록 만드는 일이다. 그렇게 되려면 율장을 연구하고 자신의 삶에 실행하는 수행자가 많아져야 하는데 이런 측면에서는 율원 개원이 어떤 식으로든 역할을 할 수 있을 것이라 기대해 본다.

출가자의 품격[8] 1

계 받고 승복 입었다고 진정한 출가자는 아니죠

스님! 오랜만에 소식 닿아 이야기 나눠서 무척 반가웠습니다. 씩씩한 걸음으로 산문에 들어선 기억이 10년 전인데 아직도 갈피를 못 잡고 있는 것 같아 불안하다는 심정 이해됩니다. 도반들도 가끔씩 하던 이야기니까요. 무엇보다 "출가자의 품격은 대체 어떻게 만들어지는가!"라는 스님의 질문은 제가 제법 긴 시간 고민하던 주제라서 편지로 답해 볼까 합니다.

『영봉종론』에 '좋은 사람[好人]'과 '수도하는 사람[道人]'의 차이가 나옵니다. 좋은 사람은 좋은 일을 하는 사람을 말하고, 수도하는 사람은 계학戒學을 근본으로 정定과 혜慧를 고르게 수습修習하는 사람이라고 정의합니다. 그래서 제대로 수도하는 사람은 자연스럽게 좋은

8　이 글은 2016년에 작성한 것이다.

사람이 됩니다. 사람들은 어떤 스님이 설법을 잘하거나, 경전에 대한 이해가 깊거나, 마음이 따듯해서, 말을 잘해서, 심지어는 잘생겨서 가까이하고 따르기도 합니다. 그러다가 가까워진 거리만큼 자세히 보이는 결점에 실망하곤 합니다. 그래서 나는 스님의 질문을 어떤 특정 인물의 인품에서 추출하는 방법이 아니라 승단과 승단에 속한 출가자라는 근원적 관점에서 출발해 보고 싶습니다.

아! 그 전에 2013년 1월 인도 바이샬리에서 개최된 세계여성불자대회(샤카디타)에 참석했을 때의 경험을 하나 이야기해 볼까요. 일정 중간에 마침 보름이 겹쳐서 참석한 모든 비구니스님들이 한 장소에서 포살을 하게 되었죠. 포살을 하기 전에 참회를 하라는데 한국에서 간 스님들은 그걸 어떻게 해야 하는지, 아니 무슨 말인지조차 몰랐습니다. 당황하면서 곁눈질로 보니 남방가사를 입은 비구니스님들과 대만에서 온 스님들이 둘씩 짝을 이루어 무슨 말인가를 주고받았습니다. 우리도 그들을 따라 둘이 마주 보기는 했지만 뭘 해야 할지 몰라 무척 어색한 광경이 펼쳐졌지요. 그때 저는 참으로 부끄러웠습니다. 부처님께서 강조하신 포살과 관련된 예법을 누군가는 당연시 여기고 실행하는데 우리는 개념조차 없다는 사실에 자괴감까지 들더군요.

포살 후 스리랑카에서 수계한 스님한테 물어보니 율장의 참회 매뉴얼을 보여 주더군요. 율원에서 2년을 지냈어도 사분율장 한 번 훑어보기 바빴고, 한국불교가 사분율장의 내용과 갈마를 거의 사용하지 않는 풍토인지라 그런 절차가 있는지조차 몰랐던 거죠. 그때의 부끄러운 기억이 제가 대만의 율종도량에서 공부하도록 만든 것인지도 모르겠습니다.

서설이 좀 길었지만, 네! 그렇습니다. 제가 생각하는 '출가자의 품격'을 율장에서 시작하려고 해요. 우리가 수계를 통해 정식으로 출가자가 되는 근거가 바로 율장이기 때문입니다. 수계를 통해 비구가 탄생한다는 것을 승단에서는 왜 그리 중요하게 여길까요? 그것은 부처님께서 열반에 든 이후에도 불법이 오래 세상에 머물 수 있도록 전승해야 할 책임을 비구와 비구니가 지고 있기 때문입니다. 한 가문의 직계 자손이 끊기면 서서히 쇠하듯, 불법을 이어 갈 직계 제자의 탄생이 없다면 법이 머지않아 멸하게 되겠죠. 그래서 정법 유지의 막중한 책임을 져야 할 제자들에게는 일반인과는 다른 특별한 자격 요건을 제시하셨는데 그것이 바로 율장 속에 있습니다.

삼장 가운데 율장이 가장 먼저 결집된 것도 승단의 존속과 법의 전승이라는 측면에서 출가자가 담당해야 할 역할이 중요하기 때문이라고 할 수 있지요. 경장과 논장은 출·재가 구분 없이 모두에게 열려 있지만, 율장만큼은 오로지 승가 구성원에게만 해당되는 것도 같은 맥락입니다. 여법하게 구족계를 받는 수계의식은 출가자의 탄생 절차로서 무척 중요한 일이지만 면허 땄다고 운전 잘하는 것은 아니듯 계 받고 승복을 입었다고 진정한 출가자가 되는 것은 아니지요. 운전을 잘하려면 몇 년은 도로주행을 꾸준히 해야 합니다. 갓 태어난 아기는 부모의 정성스러운 양육 과정에서 몸과 생각이 건전한 인격체로 성장하듯이 수계를 받은 초학자에게는 건강하고 진실한 수행자로 성장할 수 있는 환경과 조건이 필요합니다. 저는 그 해답이 율장에 있다고 봅니다.

출가자의 품격 2

스님이라도 율장 안 배우면 갈피 못 잡을 수 있어

팔만대장경을 한 글자로 요약하면 마음 '심心' 자로 귀결된다고 하지만 갓 출가하여 겨우 불법에 물들어 가는 초학자에게 마음의 잣대로 승격을 논할 수는 없을 것 같습니다. 번뇌에 물든 청정하지 못한 마음으로 미친 원숭이가 날뛰듯 갈피를 잡지 못하고, 수행으로 닦아 가는 과정에서도 그 마음은 복잡 미묘하여 쉽사리 알 수가 없으니 마음의 잣대는 너무 고결해 보이기만 할 뿐입니다. 우선은 자신의 몸으로 나타내는 행위와 입으로 드러내는 언어를 출가수행자의 기준에 맞게 교정하는 것이 시급한 과제일 것입니다. 그래서 부처님께서는 출가하여 구족계를 받은 비구는 5년, 비구니는 6년 동안 오롯하게 율장을 공부하라고 당부하셨지요.

율장에서 제시하는 출가자의 자격 요건은 크게 두 가지입니다. 하나는 제악막작諸惡莫作의 성격을 가지는 바라제목차이고, 다른 하나는 중선봉행衆善奉行의 성격을 가지는 갈마법羯磨法입니다. 전자를 지지법止持法이라 하고 후자를 작지법作持法이라고도 합니다.[9] 비구 · 비구니가 해서는 안 될 행위규범을 다루는 바라제목차가 개인의 수행과 행위에 무게중심을 두고 있다면, 건도부에서 다루는 갈마법은 승단 구성원으로서 함께 적극적으로 실천해야 하는 행위들을 다루고 있으므로 승단의 운영에 방점이 있다고 할 수 있습니다.

건도부의 순서를 보면 승단의 공동규범 가운데 부처님께서 중요하게 여기신 것들의 우선순위를 추론할 수 있습니다. 『사분율』, 『십송율』, 『오분율』 등의 율장에서 똑같이 제일 먼저 수계법을 다루고 이어서 포살법, 안거법, 자자법을 차례로 말씀하시거든요. 즉 수계 · 포살 · 안거 · 자자의 네 가지 행위는 불교 승단을 여타의 다른 종교집단 혹은 외도와 구분시키는 가장 중요하고 핵심적인 출가자의 필수과목입니다.

포살은 보름마다 함께 모여 바라제목차 즉 계목을 암송하는 의식이고, 안거는 음력 4월 보름부터 7월 보름까지 한 장소에 모여 특별 정진하는 기간이며, 자자는 안거를 마친 후 안거 기간 중에 보고 · 듣고 · 의심나는[見 · 聞 · 疑] 행위들이 있었는지 묻고 대중에게 참회를 구하는 의식입니다. 제가 살고 있는 이곳에서는 매월 보름마다 약 2시간에 걸쳐 비구니계 포살과 범망경 포살을 함께 하고, 매일 참회 작

---

9 지지(止持)는 비구 · 비구니의 계본이 해당되며 개개인의 관점에서 악업을 짓지 않는 소극적 지계를 의미한다. 작지(作持)는 20건도의 내용이 주로 해당되는데 단체의 관점에서 비법을 제거하고 선업을 일으켜 세우는 적극적 지계를 의미한다.

법이 이뤄지며, 여름 3개월 동안 법에 맞게 안거와 자자를 합니다. 승단의 구성원으로서 스스로를 경책하고 돌아볼 수 있는 장치들이 자동시스템처럼 작동하므로 100명을 훨씬 웃도는 대중이 함께 살아도 하루가 물 흐르듯 순조롭게 흘러갑니다.

이쯤에서 나는 스님이 왜 갈피를 못 잡고 헤매는 느낌으로 불안한지에 대해 이렇게 해석해 봅니다. 스님의 불안은 개인의 문제가 아니라 한국의 출가자라면 누구라도 한 번은 겪었으며 혹은 지금도 겪고 있을 공통적 불안감이 아닐까 싶습니다. 왜냐하면 수계 후 우리가 받은 교육을 돌아보면 율장 속에 나오는 출가자 대상의 자격 요건과 공통 규범을 제대로 배울 기회가 없었기 때문입니다. 율장을 보겠다는 의지를 가지고 스스로 공부하거나 특별한 인연으로 율원에 발을 들이지 않으면 바라제목차는 수계를 받기 위한 형식적 절차로서 수계산림 때 대충 훑을 뿐이고, 비구·비구니 포살은 해 본 적도 없고, 안거란 선방에 방부 들여 참선수행 하는 것으로만 이해되고, 자자라는 용어의 개념조차 모호한 경우가 대부분이니까요.

그나마 전통강원 교육을 통해 출가자의 언행과 몸가짐을 익히고 대중생활의 준칙을 지키더라도 졸업 후 대면하는 환경은 강원과는 다른 경우가 많습니다. 부처님께서 계율을 제정하신 목적과 필요성에 대한 충분한 이해와 공감이 없고 바라제목차와 갈마에 대한 기초교육이 부족했으니 특정 상황이 닥치면 출가자가 해도 되는 일과 해서는 안 되는 일에 대한 경계선이 희미해지고 스스로를 지킬 수 있는 방비지악防非止惡의 공능이 약해지는 것 같습니다.

게다가 많은 사찰이 포살을 하지 않으니 참회를 통해 청정성을 회복할 기회가 없고, 출가자 본연의 외형과 내면을 승단 구성원과 함께 되돌아보고 교정할 기회도 없습니다. 구족계를 받자마자 학교로, 선방으로, 포교 현장으로 가서 나름대로 열심히 살다가도 장애와 경계에 부딪치면서 정체성이 흔들리고 그 과정에서 때론 불안해지기도 하는 것 아닐까요.

율장의 정신을 이해하고 지범개차止犯開遮를 제대로 알게 되면 바깥을 향해 치닫는 마음을 안으로 되돌려 내면을 관찰하는 회광반조의 힘이 생깁니다. 계율에 근거한 객관적 자기 검열과 내적 변혁의 단계를 거치지 않은 수행은 언젠가는 경계에 부딪치고, 지치고, 후퇴할 수 있는 것 같습니다. 그래서 예로부터 수행 도중에 삿된 경계에 빠져 버리는 이가 적지 않았으며, 포교하러 세상 속으로 나갔다가 오히려 세속에 역포섭된다는 이야기도 생기는 것입니다.

출가자의 품격 3

모든 수행의 시작과 끝을 관통하는 것이 지계청정

몇 년 전 종단에서는 청규를 만들었고, 교계 일간지에서 청규를 정기적으로 포살해야 한다는 기사까지 나온 것을 보았습니다. 현대 사회의 변화를 반영하여 승가 구성원의 행위를 규제할 수 있도록 무엇인가 만들고 노력한다는 측면에서는 긍정적이지만 그것은 율장을 보완하는 개념이지 결코 율장을 대치할 수는 없습니다. 아직 비구계 · 비구니계 포살도 하지 않는 사찰이 대다수인 상황이니 사분율장의 중요성에 대한 인식 변화가 없는 것 같아서 안타까울 뿐입니다.

저는 이곳[10]에서 남방 국가에서 온 스님들, 중국 대륙에서 온 스님들, 말레이시아와 인도네시아에서 온 스님들, 그리고 서구 비구니 승단의 새로운 탄생 등을 눈여겨보면서 불교 승단의 공통 언어가 율

10 당시 필자는 한국에서 율원 과정 2년을 마치고 지계도량인 대만 의덕사 반야정종불학원에서 수학 중이었다. 의덕사는 대만에서 최초로 감로계단을 설립하였고, 2년에 한 번씩 단독으로 비구니 수계산림을 거행하고 있는 모범적인 계율도량이다.

장이라는 사실을 실감합니다. 비록 사용하는 언어는 다를지라도 가사를 입고 승단에서 생활하는 사람들은 어느 나라에서 출가하였든지 간에 참회와 포살, 안거와 자자를 왜 해야 하고 어떻게 해야 하는지 공통적으로 인식해 가고 있습니다.

율장에 대한 인식이 왜 중요한지 한 가지 예를 들어 보겠습니다. 처음 이곳에 왔을 때 한국불교에 대해 이것저것 질문을 많이 받았습니다. 그러다가 누군가 한국의 삼의는 어떻게 생겼냐고 묻는데 그때만 해도 별생각 없이 우리는 7조 가사 하나라고 답했더니 무척 놀랍다는 듯이 쳐다보며 삼의 없이 어떻게 수계식을 하느냐고 되묻기도 했지요.

나중에서야 알았지만 현존하는 모든 불교국가에서 수계식을 할 때는 반드시 삼의를 갖춥니다. 율장에서도 그렇게 해야 한다고 규정하고 있습니다. 출가자가 가져야 할 기본인 삼의를 유일하게 우리만 충족하지 못하는 이유가 무엇일까요? 9조 가사인 승가리가 아닌 7조 가사 하나만으로 수계식을 하게 된 최초의 배경과 이유를 저는 모릅니다. 그러나 과거야 어찌 되었든 지금은 자운 율사께서 손으로 율장을 베껴 적어야 했던 가난한 시대도 아닌데 어째서 아직도 기본적인 것조차 바뀌지 않고 있는 것일까요?[11]

---

11 2021년 4월 제41회 구족계 수계산림에서 처음으로 수계자들에게 9조 가사를 주기 시작하였다. 그러나 여전히 세 벌의 가사, 즉 삼의를 갖추지 못한 상태에서 구족계 수계가 이뤄진다.

이야기가 길어졌습니다. 제가 이곳에서 들었던 법문 중 기억에 남는 두 분의 이야기를 들려드리지요.

사부대중에게 가장 존경받는 비구율사 한 분께서 첫 만남에 이렇게 말씀하셨습니다.

"저는 번뇌가 많은 범부입니다. 그래서 계율을 지킵니다."

천태수행을 하는 한 비구스님은 또 이렇게 말씀하셨지요.

"계율을 배우는 것이나 계율을 지킬 수 있는지 없는지는 그냥 하나의 일일 뿐이다. 그러나 출가한 사람이라면 최소한 계율을 존중하고 계율 지키는 것을 찬탄할 줄 알아야 한다. 이것이 바로 출가자가 기본적으로 지녀야 할 양심적 덕목이다."

첫 번째 이야기는 계율을 지킨다는 사람들을 향해 자만하지 말라는 경책의 말씀이고, 두 번째 이야기는 계율 지키는 이들을 향해서 우리가 갖춰야 할 예의를 지적한 것입니다.

글이 계율 예찬론처럼 보여 반감이 생길지도 모르겠네요. 그러나 아무리 고민을 해 봐도 모든 수행의 시작과 끝을 관통하는 것이 지계청정이므로 출가자의 품격을 논함에 있어서 율장을 건너뛰고는 해답이 나오지 않기에 다소 장황하게 적었습니다. 스님이 어떤 선택으로 어떤 자리에서 무슨 수행을 하든 영봉우익靈峰藕益 대사의 다음 말씀을 꼭 기억해 주길 바라면서 글을 마칩니다.

"사람들은 참선이 부처님의 마음이요, 교학이 부처님의 말씀인 줄은 알지만 계율이 부처님의 몸인 줄은 모른다. 노사나부처님은 계로써 체體를 삼으셨기 때문에 악은 그치지 않는 것이 없으므로 청정하고, 선은 행하지 않는 것이 없으므로 원만하여 정만이라고 칭한다. 몸이 존재하지 않는다면 마음은 어디를 의지하며 말은 또 어떻게 가능하겠는가! 설사 천칠백 공안을 꿰뚫고 12부요의경을 통달하였더라도 풀에 의지하고 나무에 붙어 사는 무주고혼과 같을 뿐이다."[12]

12 『靈峰藕益大師宗論』 卷2, J(嘉興大藏經) 36, 275a24-27.

율장과 남녀평등

율장에는 비구니승단을 하대할 어떤 당위성도 들어 있지 않다

율장을 들여다보면 현대인의 관점에서 불평등이라고 비판적으로 해석하는 몇 가지 장치들은 오히려 안정된 비구승단에게 사회적으로 열악한 대우를 받는 비구니승단의 교육을 돕고 보호하게 하기 위하여 여러 가지 책임을 지우고 있다는 느낌이 강하다.[13]

예전에는 비구니 차별이니 불평등이니 하는 글을 읽으면 충분히 공감하는 입장이었다. 그러나 율장을 조금 이해하고 나니 어떤 주장들에 대해서든 세속적 관점에 의해 법과 율이 왜곡되거나 오해받는 것은 아닌지 먼저 살피게 된다. 물론 어떤 논의들은 바른 현실 인식과 불교의 발전적 변화를 희망하는 입장에서 나오는 것이므로 수긍되는 부분이 있지만 율장을 세간의 관점에서 해석하고 비판하는 것

13 비구니승가의 탄생 과정과 정착 과정에 나타나는 다양한 관점을 제시하는 양서로는 2022년 운주사에서 펴낸『비구니 승가 설립의 역사』(아날라요 스님 저)가 있다.

은 수행의 본질과는 다른 부적절한 부분이 있기 때문에 조심스러운 입장을 취하게 되었다.

남녀 불평등 문제에 대해서 말하자면 율장 속 부처님의 음성 어느 곳에서도 비구승단이 비구니승단을 함부로 대하거나 하대할 근거와 당위성을 제공하지 않는다. 또한 비구이기 때문에 비구니에게 존경을 받아야 할 권리를 부여한 적도 없다. 승단은 서로 독자적으로 운영하되 교류가 필요한 경우에는 합당한 갈마의 형식을 지켜야 했다. 각각의 승가는 화합해야 하고, 모든 갈마는 원칙적으로 동종 간에, 즉 비구는 비구끼리 비구니는 비구니끼리 해야 유효하다. 비구승가와 비구니승가는 서로를 존중하며, 정법의 실천자로서 서로의 성장을 위해 협력해야 한다.

비구니승단에서 비구승단에 가르침을 청하면 비구승단에서는 엄격한 자격 요건을 갖춘 교수사를 대중공의를 거친 갈마로 선출하여 파견해야 한다. 이런 역할은 부처님께서 비구승단에 부여한 의무이기도 했다. 비구니승단은 그런 비구승단과 존경할 만한 비구를 존중할 의무가 있었다. 혹자는 이부승 수계나 팔경법 자체를 여성차별의 수단으로 해석하기도 하는데 이 또한 세간법으로 출세간을 해석하는 것은 아닌지 되짚어 본다.

여래 · 응공 · 정변지 · 명행족 · 선서 · 세간해이며 삼계의 대스승이신 부처님께서 차별적 사고와 불평등을 당연시하고 이 법을 만드셨다고는 절대 생각하지 않는다. 2600여 년 전 인도 사회의 여성들이 마주한 난관을 헤아려 여성 출가자에 한해 특별히 정하신 팔경법은 엄밀히 말하면 지킬지 말지 선택의 주도권이 비구니 자신에게 있다.

불평등 운운할 때 흔히 예로 드는 조항이 백 세의 장로비구니라도 갓 출가한 신학비구에게 예를 표하도록 한 부분이다.[14] 어떤 율사 스님은 이 조항을 개인이 개인에게 행하는 것이 아니라 나중에 생긴 비구니승단이 먼저 생긴 비구승단에 예를 표하는 하나의 의식으로 해석하기도 한다. 수행의 힘을 지닌 장로비구니가 신학비구에게 공경의 예를 표하도록 한 것을 단순히 평등·불평등의 대립적 사고로 접근하는 것은 세속적 수준으로 부처님을 끌어내리는 것이다.

팔경법은 설령 어떤 비구니가 안 지키더라도 그것은 비구니 자신의 범계犯戒에 해당하고 참회하면 청정성을 회복할 수 있는 계목이다. 비구승가 혹은 비구 개인이 강압적으로 요구할 수 있도록 주어진 권리가 아니다. 만약 누군가가 팔경법을 언급하면서 반시대적 오류가 있는 정책들을 옹호하고 비구니승단의 역할과 활동에 대해 억압적인 태도를 보인다면 그는 승가의 화합을 깨뜨리고, 쌍방의 증상을 방해하며, 율장은 물론 경장과 논장까지도 제대로 이해하지 못하고 있다는 방증이다.

은사스님은 승단 안팎에서 존경받는 분이셨고 율장에 대한 이해

---

14 아날라요 스님은 자신의 연구에서 팔경법 중 몇 개 조항은 후대의 편집자들이 의도적으로 변형시킨 것으로 보인다고 하면서 이 조항을 언급한다.

도 매우 깊으셨다. 스님께서는 강의하러 온 비구스님이 당신 방에 오면 나이에 관계없이 먼저 절을 하셨다. 연세 드신 비구니스님이 그렇게 절을 하면 젊은 비구스님은 송구스러워하면서 같이 예를 표하는 경우도 있었고 절을 만류하면서 합장 반배하는 경우도 있었다. 그때는 솔직히 이해할 수 없었지만 지금에 와서야 나는 은사스님의 깊은 뜻을 헤아릴 수 있게 되었다.

만약 초학비구가 장로비구니에게 절을 받으면서 스스로에 대한 부끄러움과 참괴심으로 '앞으로 수행자로서 정말 잘 살아야겠구나.'라는 다짐을 하지 않고 '계를 받자마자 장로비구니가 절을 하니 비구의 위치가 꽤 좋구나.'라는 생각을 한다면 그의 향후 수행 결과가 어떠할지는 보지 않아도 답이 나온다. 초학자는 어떤 일보다도 출가자라는 자신의 위치를 정확히 인지하고 기초를 잘 다지기 위해 율장을 이해할 필요가 있다. 율장을 제대로 이해하고 실천하는 수행자가 많아지면 조직 안팎에서 진정한 인간평등이 이뤄지지 않을 수가 없다. 모든 출가자와 사찰에서 모범적인 지계로써 수행의 기초를 튼튼히 하고 중생에 대한 자비심과 애민심으로 전법을 하면 승단 내·외부에서 진정으로 존경받게 될 것이다.

부처님과 병든 비구

비구여! 내가 그대의 도반이 되어 주겠다

생로병사를 맞이할 수밖에 없는 중생이 부처님 승단에 출가하여 시주에 의탁하여 의식주를 해결하고 수행을 하면서 얼마간의 도업을 이루었든지 간에 필경에는 모두 죽음을 맞이한다. 이런 과정에서 부처님은 개인과 승단 전체를 위해 여러 장치들을 마련했는데 오늘날로 치면 승단의 복지정책이라고 할 수 있겠다. 그중 병든 비구가 있을 때 승단이 어떻게 대응해야 하는지 몸소 가르침을 보인 사례가 있다.

『마하승기율』 권28에는 부처님께서 출가자가 아프거나 병이 들면 승단에서 우선적으로 환자를 간호하도록 말씀하신 이야기가 나온다. 부처님께서 얼마나 섬세하고 자비롭게 환자를 돌보시는지 마치 한 편의 잔잔한 영화를 보는 듯하다. 환자와 눈을 맞추고 자애로운 음성으로 대화를 주고받는 모습을 상상하면서 작게 소리 내어 읽다 보면 그분의 무한한 자비심과 대중을 꾸짖는 엄격함이 깊은 여운으로 남는다.

부처님께서 사위국에 계실 때였다. 어느 날 부처님께서는 승방을 순례하려고 아난에게 방 열쇠를 가져오라고 하셨다. 아난은 "네, 알겠습니다. 부처님!" 하고 대답한 후 열쇠를 챙겨서 뒤따랐다. 잠시 후 허름한 방에 도착하셨는데 그곳에는 병든 비구가 똥오줌이 널린 방 가운데 누운 채 부처님이 들어가도 일어나지 못하고 있었다.

부처님께서 비구에게 물으셨다.

"기력은 좀 있는가? 병의 차도는 어떠한가?"

비구가 대답했다.

"부처님, 병이 더욱 나빠지고 있습니다."

부처님께서는 다시 물으셨다.

"오늘 공양은 했는가?"

"아니오, 부처님. 못 먹었습니다."

"어제는 좀 먹었는가?"

"어제도 못 먹었습니다. 부처님."

"그럼 그저께는 뭘 좀 먹었는가?"

"못 먹었습니다. 부처님! 일주일째 아무것도 못 먹고 있습니다."

부처님께서 비구에게 다시 물으셨다.

"음식을 얻었는데 먹을 수가 없었다는 것인가, 아니면 먹을 음식이 없었다는 것인가?"

비구는 대답했다.

"음식을 못 얻었습니다. 부처님."

부처님께서 다시 물으셨다.

"이 방사에는 화상이 있는가?"

"없습니다. 부처님."

"화상과 같은 법랍의 스님은 있는가?"

"없습니다. 부처님."

"그럼 아사리는 있는가?"

"없습니다. 부처님."

"그럼 아사리와 같은 법랍의 스님은 있는가?"

"없습니다. 부처님."

"그렇다면 옆방에는 비구가 없는가?"

"부처님! 제 몸에서 악취가 난다고 싫어해서 다른 곳으로 옮겨 갔습니다. 저 혼자 지내고 있습니다. 저 혼자서 가타伽陀수행을 하고 있습니다."

부처님께서 말씀하셨다.

"비구여! 그대는 더 이상 슬퍼하지 말라. 내가 그대의 도반이 되어 주겠다. 옷을 걷어라. 내가 그대를 씻겨 주겠다."

이때 아난이 부처님께 사뢰었다.

"부처님께서는 그냥 계십시오. 옷은 제가 빨겠습니다."

부처님께서 아난에게 말씀하셨다.

"그럼 너는 옷을 빨아라. 내가 물을 대 주겠다."

아난이 옷을 빨자 부처님께서는 물을 대 주셨다. 옷을 다 빨고 나니 햇살이 내리쬐었다. 아난은 비구를 들쳐 안고 방 밖으로 옮겼다. 그리고 똥오줌 등의 오물을 제거하고 침상의 이불과 깨끗하지 않은 그릇 등을 모두 밖으로 내놓았다. 물로 방 안을 씻어 내고 청소를 한 후 마른걸레로 깨끗하게 닦았다. 이불을 빨아서 햇볕에 널고 줄을 엮어서 만든 이불을 방에 깔았다. 비구를 목욕시키고 천천히 침상에 뉘었다.

이때 세존께서는 무량공덕으로 장엄한 황금색의 부드러운 손을 내밀어서 비구의 이마를 짚으며 물으셨다.

"아픈 곳은 좀 어떤가?"

비구는 대답했다.

"세존께서 제 이마를 짚어 주시니 모든 고통이 다 사라졌습니다."

이때 부처님께서 병든 비구가 수순할 수 있는 설법을 하시자 비구는 환희심으로 가득 찼다. 거듭 설법을 하시니 비구는 법안정法眼淨을 얻어 병이 깨끗하게 나았다.

부처님께서는 비구들의 처소로 돌아와 니사단을 깔고 자리에 앉으셨다. 그리고 앞서 있었던 일을 비구들에게 자세히 말씀하시고 누가 병든 비구의 옆방에 살던 비구인지 물으셨다.

옆방에 살던 비구가 대답했다.

"접니다. 부처님!"

부처님께서 그에게 말씀하셨다.

"너희들이 함께 수행하던 동료가 병들어 아플 때 서로 돌보지 않는다면 누가 돌보겠느냐. 너희들은 각각 성도 다르고 출신도 집안도 다르고 믿음도 달랐으나 집을 버리고 출가하여 동일한 성을 쓰는 사문 석자가 되었다. 함께 수행하는 동료를 서로 돌보지 않으면 누가 돌보겠느냐.

비구들이여! 비유컨대 갠지스의 여러 물줄기들이 모여 마침내 큰 바다로 흘러 들어가면 본래의 이름을 버리고 한 맛이 되어 큰 바다라고 부르듯이 너희들도 이와 같다. 각자 본래의 성을 버리고 사문 석자라는 한 가지 성을 가진 너희들이 서로를 돌보지 않는다면 누가 돌보겠느냐. 비유컨대 찰제리나 바라문이나 병사 혹은 수다라가 각각 출신이 다르지만 함께 큰 바다에 들어가면 다 같이 해상인海商人이라고 부르듯이 너희 비구들도 이와 같다. 너희들이 각자 출신도 다르고 성도 다르고 집안도 다르고 믿음도 달랐으나 집을 버리고 출가하여 동일한 성의 사문 석자가 되었는데 서로 돌보지 않으면 대체 누가 돌보겠느냐.

만약 비구가 병이 들면 화상이 마땅히 돌봐야 한다. 화상이 없으면 화상과 같은 법랍의 비구가 돌봐야 한다. 만약 돌보지 않으면 월비니죄다. 아사리가 있으면 아사리가 간호를 해야 하고 아사리가 없으면 아사리와 같은 법랍의 비구가 돌봐야 한다.

그렇게 하지 않으면 월비니죄다. 같이 방을 쓰는 비구가 있으면 그 비구가 돌봐야 하고 같이 방을 쓰는 이가 없으면 옆방의 비구가 돌봐야 한다. 만약 그렇게 하지 않는다면 월비니죄다. 옆방에도 비구가 없다면 승단에서 갈마로 간병인을 뽑아서 돌보게 해야 한다. 병의 상태에 따라서 여러 사람을 뽑아 간병하게 해야 한다. 만약 병든 비구를 이렇게 간호하지 않으면 그 승단의 비구 모두가 월비니죄다."

부처님께서는 현전승가가 육화합에 근거하여 동일주처에서 함께 포살하면서 수행하기를 권하셨다. 그렇게 함께 머무는 중에 동료 비구가 병이 나면 가장 가까이 있는 사람들이 돌봐야 한다고 가르치셨다. 요즈음은 사찰마다 사람이 적고 할 일은 많아서 혹여 누군가 큰 병이라도 나면 사찰 내에서 자체적으로 간호하기 쉽지 않은 현실이지만 부처님의 제자로 살기를 서원한 이들이 모인 승가에서 책임지고 간호해야 한다. 아프다고 속가로 가야 하는 상황은 출가사문의 법이 아니다. 누구나 아플 수 있기 때문에 출가자끼리 서로를 돌보아야 한다. 『범망경보살계』에도 병든 이를 간호하는 일이 세상의 복전 가운데 가장 큰 복전이라고 말한다. 이런 측면에서 종단의 승려복지회를 통해 의료 및 노후문제를 고민하고 다방면으로 지원하는 것은 시의적절한 정책이다.

승가와 중생의 이익을 위해 율장을 가르쳐 오신
역대 스승들과 현재의 스승들께 예경합니다

벗, 도반

타인의 허물 드러내는 방법 1

출가자의 허물은 승가 내에서 법답게 처리해야

현장 법사가 번역한 『대승대집지장십륜경大乘大集地藏十輪經』 권3에는 출가자가 설령 계를 파했다 하더라도 여전히 무량공덕복장의 기능을 할 수 있으므로 세속의 방식으로 처벌하지 말라고 하였다. 또한 출가자의 허물을 말할 경우 받게 되는 과보에 대해서도 설명하고 있다. 이 경전을 인용하는 이유는 출가자의 허물이나 승단 내부의 모순을 해결하지 말고 내버려 두라는 뜻이 아니라 세속적인 방식으로 접근해서는 문제 해결이 어렵다는 의미다. 선한 의도로 시작한 개혁이 어느 순간 적폐의 대상이 되는 모순의 반복을 우리는 역사 속에서 충분히 경험했다. 마찬가지로 승가에서 일어나는 어떠한 개혁 논의도 승단 전체의 청정성과 출가자의 도덕성을 높이는 율장정신으로의 회귀가 아니고는 견고한 틀을 깨뜨리기 어려울 것이다.

비구의 허물을 말할 때 어떤 자격 요건을 갖춰야 하며, 어떤 절차를 거쳐야 하는지, 혹은 재가자가 비구의 허물에 대해 물어 올 때 어

떻게 대답해야 하는지 등에 대해 『사분율』 권60 「비니증일 건도」에 나오는 이야기를 통해 살펴보자.

부처님께서 우파리에게 말씀하셨다.

"너희들은 다른 비구의 죄를 수시로 드러내서는 안 된다. 왜냐하면 만약 타인의 죄를 드러낼 때, 자신의 몸이 청정하지 않고 입이 청정하지 않으면, 곧바로 상대방이 '장로여! 먼저 자신의 몸과 입부터 청정히 하고 위의를 갖추시오.'라고 말하기 때문이다. 우파리여! 만약 비구가 몸과 입이 청정하면 상대방은 그런 말을 할 수 없다.

또한 우파리여! 다른 비구의 죄를 드러낼 때 자신의 생활이 청정하지 않거나 들은 바가 적거나 경전을 독송하지 않는다면, 곧바로 상대방은 '장로여! 우선 자신의 생활부터 청정히 하고, 경전을 독송하시오.'라고 반응하기 때문이다. 우파리여! 다른 비구의 죄를 드러낼 때 자신의 생활이 청정하고, 다문이며 경전을 독송한다면 상대방이 그런 말을 못한다.

또한 우파리여! 다른 비구의 죄를 드러낼 때 들은 바가 적거나 비니법을 모르거나 혹은 말의 사리가 분명하지 않아서 백양白羊 같다면, 타인의 죄를 드러낼 때 상대방은 곧바로 '장로여! 먼저 비니법을 배우고 말하는 법을 배우시오.'라고 반응하기 때문이다. 다른 비구의 죄를 드러내는 이가 다문多聞에 비니법을 잘 알고 언어가 명료하면 상대방이 그런 말을 하지 못한다.

그러므로 우파리여! 비구는 반드시 알아야 한다. 만약 상대방이 나를 좋아하고, 나에 대한 공경심을 가지고 있다면 마땅히 죄를 드러내야 한다. 나를 좋아하지는 않지만 공경심을 가지고 있다면 또한 죄를 드러내야 한다. 공경심은 없으나 좋아한다면 죄를 드러낼 수 있다. 좋아하지도 않고 공경심도 없지만 그로 하여금 악을 벗어나도록 하고 선을 행하게 할 수 있다면 죄를 드러내야 한다.

만약 상대방이 나를 좋아하지도 않고 공경심도 없는 데다가 그로 하여금 악을 벗어나 선을 행하도록 할 능력이 없다면, 그 사람이 존중하고 믿음을 가진 이를 찾아서 그의 죄를 드러내서 악을 벗어나고 선을 행하도록 도와야 한다. 만약 그가 존중하고 믿고 좋아하는 사람이 없을 경우에는 악을 벗어나서 선을 행하도록 도울 방법이 없다.

우파리여! 그때는 대중이 그를 포기하고 쫓아내야 하는데 다음과 같이 말해야 한다. '장로여! 당신이 가는 곳마다 대중은 당신의 죄를 드러내고, 억념비니나 자언비니를 하고, 갈마나 대중의 법회에 참석시키지 않고, 포살이나 자자에 참석시키지 않도록 할 것이다.' 말 조련사가 거친 말을 조련하기 어려우면 채찍으로 쳐서 부린다. 죄를 지은 비구 또한 이와 같아서 참회의 과정 없이 먼저 포살이나 자자를 듣게 해서는 안 된다. 자언비니나 억념비니를 한 후에 참석을 허락해야 한다."

부처님께서 이렇게 말씀하시자 우파리는 환희하며 믿고 받들어 실천하였다.

이 글을 보면 허물이 있는 비구의 죄를 드러내서 조복시키고 참회하게 만들려면 평소의 언행과 위의가 모범적이며, 삼장에 대해서도 해박할 뿐만 아니라 상대방으로부터 존경과 신뢰를 받는 이가 나서야 한다. 만약 상대방이 어떤 조언도 통하지 않는 성격의 소유자라면 승단은 대중의 역량을 모은 갈마법을 써서 그에게 마지막 참회의 기회를 주어야 한다. 이러한 절차의 최종 목적은 수행자로 하여금 허물을 고치고 청정을 회복하여 수행에 매진하도록 돕기 위함이다.

이처럼 출가자나 승단의 문제는 승가 내부에서 가장 법답고 율다운 방식으로 처리해야 한다. 율장에 시설된 각종 참회법과 갈마법이 실질적으로 작동되고 사찰에서 반월마다 포살하고 허물과 잘못을 스스로 되돌아보고 참회하여 청정성을 회복하는 절차가 상식화되어야 한다. 동일대계同一大界, 동일주처同一住處, 동일설계同一說戒, 동일갈마同一羯磨를 통해 아집과 법집을 소멸시키는 작업이 승가 내부에서 지속되지 않고서는 어떤 방식의 제도나 개혁의 목소리도 변죽만 울리다 그치고 결국에는 승가와 수행자에 대한 신뢰만 손상시킬 뿐이다.

시절이 쉽지 않다. 탈도 많고 말도 많은 때일수록 수행하는 초학자는 자기 마음과 행동을 단속하는 데 더욱 주의를 기울여야 하겠다.

타인의 허물 드러내는 방법 2

때, 진실, 이익, 말, 자비심에 모두 부합해야

『사분율』 권60에는 다른 비구의 죄를 드러내는 사람이 꼭 갖춰야 할 다섯 가지 법으로서 “적절한 때와 적절하지 않은 때를 알아야 하고, 진실이며 거짓이 아니어야 하고, 이익을 주고 손해를 주지 않으며, 유연한 말로써, 성내는 마음이 아닌 자비심으로 죄를 드러내야 한다.”라고 밝히고 있다.

이에 대해 영지 율사는 『사분율행사초자지기』[15]에서 다른 이의 죄를 드러내는 사람이 갖춰야 하는 다섯 가지 덕에 대해 다음과 같이 설명하고 있다.

---

15 이하에서는 『행사초자지기』로 약칭한다. 도선 율사의 『四分律刪繁補闕行事鈔』, 『四分律含注戒本疏』, 『曇無德部四分律刪補隨機羯磨』에 주석서를 쓴 이는 약 60명에 달한다. 그 가운데 북송(北宋)의 영지 율사(靈芝, 1048~1116)가 쓴 『四分律行事鈔資持記』, 『四分律含注戒本疏行宗記』, 『四分律羯磨疏濟緣記』가 가장 원만하고 뛰어난 것으로 평가받는다.

첫째, 때를 알아야 한다.

죄를 드러내기 마땅한 때와 마땅하지 않은 때를 아는 것이다. 때를 안다는 것은 거죄擧罪의 적당한 시기를 아는 것이고, 적당하지 않은 시기에 다른 이의 죄를 드러내지 않음이다. 예를 들어 어떤 사람이 죄를 범했더라도 그 사람을 따르는 문도나 속가의 권속 앞에서 죄를 드러내는 것은 때를 모르는 것이다. 또한 구족계를 받지 않은 이 앞에서도 죄를 드러내기 적당한 때가 아니다. 이렇게 때를 알아야 육화합 가운데 의意가 화합하여 다툼이 없게 된다. 도선 율사의 『사분율함주계본소』[16]에 이르듯이 죄를 드러내서 분쟁을 가라앉히는 일은 순리에 따르지 않으면 안 된다.

둘째, 진실이어야 한다.

죄의 내용이 진실이고 거짓이 아니어야 한다. 즉 앞 사람이 실제로 죄를 범했어야 하고, 착오나 실수가 있어서는 안 된다. 죄를 드러내는 사람은 타인의 과실을 드러낼 때 보고 듣고 의심되는 세 가지 근거를 바탕으로 사실대로 말해야지 거짓으로 드러내서는 안 된다.

셋째, 이익이 있어야 한다.

---

16 『四分律含注戒本疏』는 바라제목차의 각 계목에 대한 범계 조건과 개연 조건 등을 정리한 것이다. 이하 『계본소』로 약칭한다.

이익이란 손실이나 손해가 없는 것이다. 즉 타인의 과실을 드러내는 목적이 그 사람으로 하여금 참회하여 청정을 회복하고 미덕이 밖으로 드러나게 할 목적이지 손실을 주거나 폄훼하기 위해서가 아니다.

넷째, 부드러운 말을 써야 한다.

거칠거나 사납지 않게 부드럽고 온화한 말을 사용하여 권유할 수 있어야 한다. 그렇지 않으면 죄를 범한 사람이 번뇌에서 벗어나도록 도와줄 수가 없다. 어떤 경우에도 거칠고 사나운 말이나 폭로성 언어를 써서 타인의 죄를 드러내서는 안 된다.

다섯째, 자비심으로 해야 한다.

성내지 않고 자비로운 마음으로 중생을 가련하게 여기고 안락을 줄 수 있어야 비법을 실천하지 않는 것이다. 성내는 마음으로 다른 이의 죄나 허물을 아무 때나 드러내서는 안 된다.

『마하승기율』에는 비구의 허물에 대해 사람들이 물어 볼 경우 비록 그러한 사실이 있다 하더라도 비구가 먼저 적극적으로 나서서 설명하지 말라고 가르친다. 재가자가 “아무개 비구가 음계나 음주계를 범했습니까?”라고 물으면, 비구는 “그 스스로 당연히 알 것입니다.” 라고 답해야 한다. 만약 대중이 이미 갈마작법을 마친 후에 재가자가 묻는다면 거꾸로 “어디서 들었습니까?”라고 되물어야 한다. 만약 “모처에서 들었습니다.”라고 답하면 그때서야 비구는 “나 역시 모처에서 들었습니다."라고 답해야 한다.

『십송율』에는 어떤 이가 "불법에도 여전히 어리석은 사람이 있군요."라고 비난하면 비구는 "우리 출가자가 워낙 많아서 갖가지 종류의 사람이 다 있습니다."라고 답하라고 가르친다. 도선 율사는 이러한 대응 방식은 불법을 지키는 중요한 요체로서 재가자가 승가를 가볍게 여기는 것을 막기 위한 것이므로 주의를 당부하고 있다.

소셜 네트워크 서비스(SNS)상에서 가끔 출가자가 다른 출가자의 허물을 토로하는 경우를 보는데 이 또한 한번 생각해 볼 일이다. 출가자나 승단의 허물을 재가자에게 전할 수 있는 경우는 갈마를 통해 미리 허락되었을 때이다. 출가자가 승단 내부의 세세한 다툼까지 외부에 공개적으로 폭로하면 바라제목차에 위배될 뿐만 아니라 승가의 위상을 훼손하고 불자의 신심을 떨어뜨리면서 대부분의 문제는 그대로 남는다.

계법을 배우지 않아 행주좌와에 절제가 없고, 마음이 법에 가 있지 않고 세속적 가치를 좇으며, 정진하지 않고 방종하는 출가자를 보면 길가의 분뇨처럼 여기는 세상에서 참회법으로 출가자의 지계의식을 높이고 갈마법을 통해 승단의 청정성을 스스로 점검하는 법다운 풍토가 정착되지 않고는 승가다운 승가로 거듭날 방법을 찾기가 참으로 요원해 보인다.

계 받는 일의 중요성

계를 받음으로써 무한 계법이 마음속에 자리 잡는다

영지 율사의 『행사초자지기』 서문에는 출가와 수계의 의미, 수계 이후의 행위 등에 대해 잘 설명되어 있다. 서문의 시작은 다음과 같다.

> 출가하는 이는 계를 받아야 무한 계법이 몸에 들어와 자리 잡는다. 행은 계체를 의지해서 닦아야 하므로 인因을 수행隨行이라 하고, 몸은 계법에 부합되게 움직여야 하므로 과果를 법신이라고 부른다. 진실로 발취[동기와 목적, 起行과 所期]로 말미암아 (계법의) 종이 있고, (계법의) 인을 의지하여 (정과 혜의) 소득이 있는 까닭이다.[17]

이하는 영지 율사의 설명을 그대로 옮겨 본다.

---

17 『四分律行事鈔資持記』 卷1, T40, 157a6-8.

출가자는 수계를 통해 계법을 받음으로써 계체를 얻게 된다. 수계 과정에서 일으킨 발원을 통해 시방법계의 무수한 계법이 출가자의 마음에 자리 잡는다. 무정인 계법이 어떻게 유정인 사람의 마음속에 자리 잡는가? 수계를 할 때 시방법계를 대상으로 일으킨 계법으로 인해 생긴 선한 업력이 아뢰야식 가운데 저장되는데 이것이 바로 '수계를 통해 계체가 발생한다.'는 뜻이다.

수계를 통해 계체를 받고 나면, 모든 행위들은 반드시 계체에 의지하여 이뤄져야 한다. 수계할 때의 발원, 즉 시방법계에 대해 악을 끊고 선을 행하겠다는 발원에 의해 받아들인 계법에 의거해야 한다. 계체에 부합되게 행동함으로써 발생하는 지계의 행위가 수행隨行이다. 신업이 계법에 부합하게 행동하게 되면, 최후에는 그 과보로 법신을 얻게 된다. 어떻게 법신을 얻는가? 수계할 때 발심한 동기에 '계법의 종지'가 있기 때문이다. 이 계법에 의지하여 정과 혜가 생기고 나중에는 결국 부처님께서 드러내신 법신을 얻게 된다.

출가에는 네 종류가 있다. 첫째는 몸이 출가했고 마음 또한 성인의 도를 따라 해탈을 구하는 의지가 강한 이로서 몸과 마음이 모두 함께 출가한 이를 일컫는다. 둘째는 몸은 비록 출가하였으나 마음은 세속의 오욕에 빠져 있는 이로서 몸만 형식적으로 출가하고 마음은 세속과 다를 바 없는 경우다. 이런 이들은 출가할 때 제대로 된 발심출가가 아니라 먹고 사는 문제를 해결하거나 세상살이의 고통이 싫어서 사람들이 주는 것을 얻어 쓰려는 마음을 가지고 출가한 이들이다. 『열반경』에서 말하는 의식주를 위해서 출가한 자들이다. 셋째는 『유마경』에서 이르듯이 마음은 출가를 했으나 몸은 재가자로 머무는 이들이다. 넷째는 가장 심각한 경우로 몸도 마음도 모두 오욕에 잠긴 채 살아가는 경우를 말한다.

이 글에서 말하는 출가자란 첫 번째의 진정한 출가자를 의미한다. 원문에서 품稟은 받아들이는 마음을 말하고, 계戒는 우리 마음의 여실한 발원을 통과하면서 제8식이 발현시키는 선종자의 업성을 말한다. 이 업을 곧 계체라고 하는데 모든 구족계 수계자들이 다 가지고 있는 것이다.

'무한 계법이 몸에 들어와 자리 잡는다[聚法居身]'에서 '법'이란 시방법계의 모든 법과 진제 및 속제 등의 모든 법을 말한다. 이 법들은 육진의 모든 경계에 흩어져 있는데 수계를 받음으로써 번뇌의 대상이었던 그 법이 성인의 도를 이루는 대상으로 변화하는 것이다. 이는 수계를 하면서 일으키는 발원 때문이다.

출가자는 수계할 때 시방법계를 대상으로 "모든 악을 끊겠습니다. 모든 선을 행하겠습니다. 일체 중생을 제도하겠습니다."라는 보리심의 발원을 한다. 그 발원을 통과하면서 형성된 계체는 제8식 속에 선한 업종자로 보관된다. 수계를 받기 전에는 시방법계 모든 경계들이 악업을 짓는 대상이었으나 수계를 받음으로써 동일한 시방법계가 선법을 행하는 대상이 되니 이것은 참으로 불가사의한 것이다.

계를 배울 때도 행할 때도 이처럼 법계에 두루 통하는 마음으로 해야 한다. 그렇지 않고 자신의 습기에 따라 좋아하는 것은 지키고 싫어하는 것은 배척하는 방식은 옳지 않다. 『장아함경』에 "사문이란 고통을 만나도 배척하지 않고 즐거움을 만나도 좋아하지 않고 마치 대지처럼 한결같이 인욕할 수 있는 이를 말한다."라고 한 것이 그 뜻이다. 좋아하지 않더라도 해야 할 일이면 하고 좋아하는 것도 평등심을 가지고 공정하게 대하는 것이 바르게 계를 지키는 것이다.

인간은 누구나 아집을 끊기 어렵다. 그러나 수계를 통해 시방법계를 대상으로 보리심을 일으키고 그 이후 계율을 배우고 지키는 학계와 지계의 과정을 통해 자아 중심으로 살아오던 삶의 방식을 바꾸고 습기를 조금씩 털어 내다 보면, 그 과정에서 아집이 어디에도 숨을 곳이 없음을 알게 된다.

외부 경계를 마주해서 계체를 잘 수호하고 지키는 것이 곧 청정이다. 낮이나 밤이나 계체를 기억하여 현행할 수 있게 하면 계체에 수순하는 행을 지킬 수 있고, 오염된 경계가 오면 방어하고 보호할 수 있게 된다. 이렇게 계체에 수순하는 행위를 하면서 지속적으로 아뢰야식에 훈습을 일으키고 결국에는 무아의 선업이 점점 커지고 허망한 인연들을 정화시키게 된다. 이것이 바로 '품계위체稟戒爲體, 취법

거신聚法居身'의 진정한 뜻이다.

계체는 우리를 경책하는 작용을 한다. 법계를 대상으로 한 발원에 따라 여러 가지 방편법문을 수행하고 지키면서 다겁생래의 습기를 다스리는 것이 계체에 수순하는 것이다. 수순하는 행이란 수계 이후 경계에 부딪칠 때마다 계체를 잘 수호하겠다는 마음으로 선법을 행하는 것으로서 본래 받은 계체의 청정과 부합하는 것이다. 그렇게 하면 습기를 따르지 않고 오염을 일으키지 않게 된다.

도선 율사의 『갈마소』에 네 가지의 수순하는 행[隨行]을 설명하고 있다. 첫째는 오롯한 마음으로 원래 받은 청정계체를 훼손하지 않음으로써 수순하는 행[專精不犯隨], 둘째는 계를 범한 후에 참회함으로써 계체에 수순하는 행[犯已能悔隨], 셋째는 계를 잘 지키려는 마음 없이 그냥 지키는 행[無心護持隨]인데, 이것은 범하지는 않지만 계를 잘 지키겠다는 결의가 없는 경우다. 넷째는 범하고도 참회하지 않는 행[能犯無悔隨]이다. 이 중 네 번째는 오염된 행위로서 출가하여 수계하고도 삼악도에 떨어지는 경우다. 이들은 수계출가하지 않은 사람보다 삼악도에 떨어지는 속도가 훨씬 빠르다.

첫째는 '본래 청정'한 것이고 둘째는 '참회로 인해 청정을 회복'하는 경우인데 이 두 가지 원인으로 인해 필경에는 법신을 얻는 과보를 받는다. 매일 가사를 입고, 음식을 받고, 작법을 하는 등의 계를 지키는 선업을 일상에서 꾸준히 하다 보면 망상의 근원이 점차적으로 정화되고 거친 아집부터 조금씩 소멸되면서 법계에 공덕이 가득하게 된다. 계정혜 삼학과 팔정도는 계법으로 인해 생기고, 부처님의 사지四智 보리와 삼신三身도 계법으로 인해 생기기 때문에 계법으로 인해 필경에는 법신을 이룬다고 말한 것이다.

그래서 『살차니건자경薩遮尼犍子經』에서 여래의 공덕과 장엄한 몸은 수계를 통해 얻은 계체를 근본으로 하고 지계를 출발점으로 한다고 하였다. 또 『열반경』에서는 불성을 보고 대열반을 증득하고자 한다면 반드시 법계를 대상으로 일으킨 깊고 큰마음으로 청정한 계를 지켜야 한다고 하였다.

양기의 등잔과 보수의 생강

스님들이 돈을 만져서 승가가 오염되는 것이 아니다

승가가 오염되는 이유가 스님이 돈을 만져서라는 주장은 일견 맞기도 하고 일견 틀리기도 하다. 스님은 수행에만 전념하고 사찰 재정은 재가자가 관리해야 한다는 일부의 주장은 문제의 핵심을 꿰뚫지 못한 것이다. 스님이 돈을 만져서 문제라면 인구는 우리나라 절반밖에 안 되지만 승가나 스님에게 보시되는 시주금은 훨씬 규모가 큰 대만불교가 더 오염되어 있어야 하지 않을까? 본질적으로 말하면 출가자든 재가자든 깨침의 안목을 얻기 전까지는 모든 이들이 걸리기 쉬운 덫이다. 비록 출가의 길을 선택했더라도 인과응보에 대한 철저한 믿음이 없고 명리를 추구하는 욕망을 경계하지 못하면 금전이 던지는 유혹은 자본이 힘이 되는 시대일수록 더 강력해진다. 이러한 인간의 속성을 경계시키는 수단이 부처님께서 제정하신 계율이다.

부모형제와 일가권속을 떠나 산문에 들어와 머리를 깎을 때는 누구든 세속적 욕망과 윤회의 굴레를 벗어 버리겠다는 발원 한 번쯤은 했을 것이고 상구불도 하화중생에 대한 원력도 키웠을 것이다. 어느 한 때는 나름 열심히 경전도 보았을 것이며 참선이든 기도든 수행도 열심히 했을 것이다. 그랬을 것이다. 그 과정 속에서 해가 쌓이고 법랍이 더해지고 역할이 바뀌면서 순수했던 출가의 마음이 약해진 것일까? 개개인의 오염 원인이야 무엇이든 간에 승가가 통째로 비난 받는 원인은 계율을 경시한 데서 비롯된 것이라고 생각한다. 계율정신을 출가자의 삶과 수행의 기준으로 삼는다면 도저히 그렇게 할 수 없기 때문이다.

늘 깨어 있지 않으면 출가자조차 명리를 추구하는 욕망에 대적하지 못하고 절과 승가를 위한다는 명목을 빌려 금권과 이양을 따라가 문제를 일으킬 수 있다. 율장에 제시된 지계 기준과 인과의 도리를 소홀히 하면 심지어 삼보정재를 수용하는 과정에서 출가자 자신도 모르게 큰 죄업을 짓기 때문에 율장과 주석서에서는 도계盜戒를 상세하게 규정하여 마음을 경계시켰다. 일반적으로 돈의 강렬한 유혹은 재가자들을 더 무섭게 오염시킬 수 있다. 액수가 적을 때는 큰 욕심 없이 공정하기가 쉽겠지만 1억 원, 10억 원, 100억 원 등으로 단위가 커져도 사심 없이 공정하게 잘 관리할 수 있는 일반인이 과연 몇이나 될지 의문이다.

세상에 알려지지 않은 수많은 스님들이 수행과 포교를 하면서 시줏돈으로 건물 불사와 인재 불사를 하고 있다. 대다수의 스님들은 시주의 무게와 인과의 도리를 잘 알기에 아무리 적은 액수의 돈도 함부로 사용하지 않고 불법승 삼보를 위해 쓰기 때문에 오히려 공덕을 쌓는다. 출가자는 삼보에 공양한 것들을 잘못 사용하면 삼악도에 떨어지는 악업의 과보뿐만 아니라 스스로 받은 수계의 서원과 계를 범한 범계죄犯戒罪의 과보까지 이중으로 받아야 한다.

대중 소임 가운데 재정 관리만큼 두렵고 골치 아픈 일이 없다. 그래서 살림은 재가불자에게 맡기고 수행만 했으면 좋겠다는 생각을 일으켰던 적도 있다. 그러나 율장을 통해 불법승 삼보를 위해 재정을 타당하게 집행하고 관리하는 일이 얼마나 중요하면서도 두려운 일인지 배우고 난 후부터는 옛 어른스님들처럼 조심하고 또 조심하면서 목적에 맞게 운용하도록 노력해야 한다고 생각하게 되었다.

불교 개혁을 논하면서 율장의 실천을 담론의 주제로 삼지 않는다면 누가 어떤 주장을 하더라도 오늘날 승가가 직면하는 숱한 문제를 근본적으로 해결하기는 어려울 것이다. 출가자는 계율 제정의 근본 목적을 제대로 인식하고 인과를 깊이 믿으며 수행자로서 절대로 넘지 말아야 할 선이 어디인지 스스로에게 각인시킨 후 수행 방식이나 환경에 맞게 조절할 수 있어야 한다. 재가자는 오계와 팔계를 형식적으로 받아 지닐 것이 아니라 불법의 생명수처럼 여기고 실천하도록 노력해야 한다. 이러한 기본 임무를 충실히 지키는 풍토를 만들지 않고는 권력과 이양에 유혹당할 가능성은 출·재가 어느 쪽에나 있기 마련이다.

공사의 구분이 철저했던 선사의 일화를 담은 게송이 있다.

> 양기의 등잔은 천고에 밝게 빛나고[楊岐燈盞明千古]
> 보수의 생강은 만년 동안 맵기만 하네[寶壽生薑辣萬年]

선종의 양기파를 일으킨 방회 선사는 사중의 소임을 처리할 때 사용하는 등잔과 개인적으로 경전을 볼 때 쓰는 등잔을 구분하여 사용했다. 어느 날 그의 모친이 선사가 개인용 등잔을 아래쪽에 두고 사중용 등잔을 위쪽에 둔 것을 보고는, 사중용 등잔이 위에 있으면 촛농이 아래쪽에 있는 개인용 등잔에 떨어지는데 그렇게 되면 사중 것을 사적으로 쓰게 되니 위치를 바꾸라고 했다고 한다.

물품 창고 관리 소임을 보던 보수 선사는 방장스님이 몸이 아파 생강이 필요하다는 시자에게 "아무리 방장스님에게 필요하더라도 대중 물건을 그냥 내어 줄 수 없다. 값을 치르고 가져가라."고 했다.

이렇듯 철저하게 공과 사를 구분하고 살았던 선배들의 정신은 최근까지도 살아 있던 절집의 기본 문화였다. 지금이라도 이런 정신을 회복해야 스님들이 억만금을 만지더라도 삼보를 옹호하고 중생을 이롭게 하는 데 쓰일 것이다. 그렇지 않으면 참기름 한 방울이라도 시주의 은혜를 녹이지 못하고 축생으로 태어나 빚을 갚아야 할 것이다.

의덕사 도서관은 대출 목록에 스스로 등록하고 책을 빌려 갔다가 언제든지 반납하고 기록만 하면 된다. 도서관 입구 쪽 서고에 이런 글귀가 붙어 있다.

"불여취서 도상주물 인과자부(不與取書 盜常住物 因果自負): 주지 않은 책을 가져가면 상주물을 훔치는 것입니다. 인과는 자기 몫입니다."

출가자의 복장

오늘 내가 남긴 발자국이 뒷사람의 이정표

어떤 스님이 페이스북을 통해 환속하겠다고 공언하자 많은 이들이 댓글로 떠들썩하게 격려와 지지를 표한 일이 있었다. 재가불자들이야 그렇다 치더라도 몇몇 스님들이 남긴 댓글을 보면서 아쉬운 마음이 들었다. 한 개인의 선택에 대해서 평가할 입장도 아니고 그럴 마음도 없지만 그 일을 계기로 출가와 가사袈裟에 대한 우리의 인식이 조금은 공고해졌으면 좋겠다는 생각이 들었다.

부처님께서는 정법이 오래 머물게 하려고 율장을 제정하셨다. 어떤 마음으로 출가를 해야 하는지, 출가하려는 사람은 어떤 자격을 가져야 하며 어떤 절차를 밟아야 하는지, 계를 받는 의식은 어떠한지, 계를 받은 출가사문은 어떤 식으로 먹고 입고 살아야 하는지 등에 대해 아주 자세하게 규정해 놓으셨다. 세월 따라 부침의 굴곡은 있었으나 장구한 세월 동안 불교가 끊이지 않고 이어져 온 것은 출가사문의 존재 때문이었다. 율장에서 정한 출가사문이 되는 관건은 외형적으로 삭발하고 가사를 착용하며 내용적으로는 구족계를 받는 것이다. 그러므로 출가사문의 자격을 결정짓는 중요한 기준은 '삭발과 수계' 그리고 '가사'라고 하겠다.

우선 댓글 중에 눈에 띄는 몇 가지만 살펴보자. "승복을 벗어도 환속을 하셔도 우리에게는 영원한 스님입니다." 재가자의 댓글이다. 다음은 스님들의 댓글이다. "입고 벗는 것의 문제가 아니라 그 안에 무엇이 있느냐가 중요한 것 아닐까요?" "안타깝다는 생각도 들고 한편으로는 후련하시겠다는 생각도 듭니다."

첫 번째, 스님에 대한 정의와 조건부터 살펴보자. 스님은 삭발하고, 구족계를 받아 지니고, 가사를 입은 출가사문을 말한다. 가사는 부처님 당시 출가자가 입던 옷으로 공능에 따라 여러 가지 명칭으로 불리었다. 출가사문의 옷인 가사는 육진을 끊어 없애기 때문에 이진복離塵服, 번뇌를 감소시키기 때문에 소수복消瘦服, 오염과 집착을 멀리하기 때문에 연화복蓮華服, 자비희사의 이익이 널리 펼쳐지고 무탐·무진·무치의 선심을 증장하고 법신혜명을 기르는 까닭에 세간 사람들이 보시하면 복의 과보를 받을 수 있으므로 복전의福田衣라고 한다.

북방불교에서 통용되는 승복은 엄밀히 따지면 가사와는 다른 옷이다. 남방에서는 가사가 일상복이면서 동시에 의례복儀禮服이었으나 북방으로 오면서 가사는 의식을 거행할 때 착용하는 의례복의 역할을 맡고, 일상생활은 승복이 담당하는 것으로 이원화되었다. 이것은 북방의 날씨 편차, 탁발 금지, 생산을 위한 노동행위, 어깨를 드러내는 것에 대한 반감 등 사회 · 정치 · 문화적 이유로 탄생한 수방비니법[18]이다. 중국, 한국, 대만, 베트남은 모두 가사에 승복이 추가되어 지금까지 전승되어 왔다. 따라서 지금은 승복도 가사와 마찬가지로 출가자의 신분을 나타내는 중요한 복장이다.

율장에 정해진 출가자의 옷은 법복에 해당하는 승가리, 상의인 울다라승, 하의인 안타회의 삼의이다. 구족계 수계 절차에는 수계자에게 "삼의와 발우는 너의 것이냐?"고 질문하는 대목이 있다. 만약 삼의와 발우를 갖추지 못했으면 구족계를 받지 못한다. 북방에서는 승복이 추가되었으므로 승가리를 제외한 상의와 하의는 불필요해졌지만 중국불교는 삼의를 버리지 않고 같은 크기와 모양에 조수만 달리하는 방식으로 삼의를 존속시켰다. 그래서 지금도 중국, 대만, 베트남 등에서 구족계를 받을 때는 9조(승가리), 7조(울다라승), 5조(안타회)를 갖춰 입어야 한다. 이것은 아무리 수방비니라 해도 반드시 지켜 가야 할 율장의 근본 가치가 무엇인지를 이해한 고승대덕들의 지혜가 낳은 해결책이다.

환속은 반드시 계를 내놓는 사계捨戒의 절차를 밟아야 하고, 가사를 반납해야 한다. 머리는 개인적 취향이나 사회적 혹은 정치적 요

18 『五分律』 권22, T22, 153a14-17, "復告諸比丘 : 雖是我所制, 而於餘方不以爲清淨者, 皆不應用 ; 雖非我所制, 而於餘方必應行者, 皆不得不行." (부처님께서 비구들에게 말씀하셨다. "설사 내가 제정한 것이라도 다른 지방에서 그것을 청정하지 않게 여긴다면 사용하지 말라. 비록 내가 제정하지 않은 것이라도 그 지방에서 반드시 행해야 하는 것은 실행하지 않으면 안 된다.")

구를 달성하기 위해 삭발하는 경우가 있으므로 개인의 자유에 맡길 수 있다. 그러나 승복은 엄밀하게 말하면 출가자의 신분을 의미하므로 착용이 제한된다. 결론적으로 환속을 하면 더 이상 비구가 아니므로 가사를 사용할 수 없고 스님이 아닌 재가수행자가 되는 것이다. 무명혹까지 끊은 대보살의 경지에 도달했다면야 또 모를까 현상계에서 가사와 승복을 입고 벗고는 분명히 결이 다르다. 하물며 부동지 보살이라고 평가 받는 원효 스님조차도 환속한 뒤에는 스스로를 소성 거사라고 불렀다는 사실을 기억하자.

두 번째, "입고 벗는 것의 문제가 아니라 그 안에 무엇이 있느냐가 중요하다."는 말은 듣기에는 그럴싸하지만 속을 들여다보면 언어의 유희일 뿐이다. 특히 출가자의 입에서 이런 말이 나오면 일반인들에게 출가의 형식이 별로 중요하지 않다는 오해와 계율을 경시하는 그릇된 생각을 무의식적으로 심어 줄 수 있다. 설령 견사혹을 끊은 초지보살의 지위에 올랐다 하더라도 출가사문에게 있어 가사와 승복은 목숨같이 여겨야 할 무게감을 지닌 옷이라고 생각한다. 그러니 입고 벗고의 차이는 분명히 알아야 한다. 사대육신 안에 무엇이 들어 있는지 고민하는 것은 불교 수행자 누구에게나 해당되는 말이다. 그 고민을 출가하여 가사와 승복을 입은 채 하는 이가 출가사문이요, 세간에 살면서 하는 이가 재가수행자이다.

세 번째, "안타깝다는 생각도 들고 한편으로는 후련하시겠다는 생각도 듭니다."라는 말이다. 글쓴이가 어떤 의미를 함축하고 한 말인지는 모르겠다. 그러나 출가사문이 "환속하면 후련하시겠다는 생각도 듭니다."라고 말하면 '이 스님도 출가 생활에 회의를 느끼고 있구나.'라는 의심이 생길 수 있다. 더구나 이런 말을 공개적으로 하면 자칫 계를 내놓는 사계의 의미가 있는 것으로 해석될 수도 있기 때문에 출가자가 쉽사리 할 말이 아니니 각별히 주의해야 한다.

삭발하고 출가한 사문으로 살아갈 때는 그 위치에서 지켜야 할 그만한 책임과 의무가 있다. 진리의 입장에서야 내용이 중요하지 겉으로 무슨 옷을 걸친들 상관이 있으랴만 현상계를 사는 중생의 입장에서는 형식을 통해 드러난 진리를 받아들이기 때문에 형식 또한 매우 중요하다. 그래서 서산 대사께서는 "눈 덮인 들판 함부로 걷지 말라. 오늘 남긴 내 발자국이 뒷사람의 이정표가 된다."라고[19] 말씀하셨다. 불과 얼마 전까지도 스승과 선배들로부터 받은 교육에 따르면 출가자는 혼자 있는 방 안에서조차 여법하게 의복을 갖춰 입어야 한다는 것이다. 요즈음 같은 폭염의 날씨에는 혼자 생활하는 공간에서 반팔 옷이나 티셔츠를 입을 수도 있겠지만 일단 문밖을 나서면 최소한 적삼은 입어야 하고, 대문을 나설 때는 두루마기나 동방아를 착용하는 것이 출가자의 위의이다.

요즈음 출가자들 가운데는 일상생활 하기에 불편하다는 이유로 승복을 가볍게 여기는 경우도 있고, 유튜브에는 티셔츠만 입은 채

---

19 『선가귀감』, "踏雪野中去, 不須胡亂行. 今日我行跡, 遂作後人程."

법담을 하는 스님들의 동영상이 보이기도 한다. 페이스북에는 양복에 베레모 쓴 사진을 버젓이 올리면서 특별히 기분전환을 위해서 스타일을 바꿔 보았다는 친절한 설명까지 덧붙인 이도 있었다. 해외 성지순례를 가면서 반팔 스포츠 의류에 조끼만 걸치고 다니는 경우도 심심찮게 보았다. 당사자는 편의를 위해서 혹은 별생각 없이 한 행동일 수 있다. 하지만 이러한 행위는 계율에 대한 이해가 부족함을 드러내는 것으로서 계 조목으로 보면 불학무지죄不學無知罪에 해당된다.

부적절한 복장에 관련된 또 하나의 사건은 장삼을 입은 비구스님이 사람들에게 둘러싸인 채 현란하게 춤추는 동영상이었다. 한국말로 부추기는 관중의 환호에 더욱 현란해지는 막춤은 보기에도 민망했는데, 이 동영상은 한때 대만 불자들 사이에서 폭발적으로 회자되었다. 서너 명의 스님들이 영상을 보내 주면서 똑같이 던진 질문은 "이 영상에 나오는 분이 한국 스님 맞느냐. 출가자가 장삼을 입고 이렇게 대중 앞에서 춤을 춰도 되나."였다. 이러한 일들은 한국불교가 지닌 지계 척도를 알게 모르게 반영하는 일이므로 종단이나 소속을 불문하고 승복 입고 사는 출가자라면 정말 조심해야 할 부분이다.

이보다 심각한 것은 사복으로 변장하여 승려의 위의에 어긋나는 행위를 하는 경우다. 어떤 이는 사복 입는 행위를 특수복 착용이라는 은어로 표현하는 것을 들은 적도 있다. 특수복을 입고 무슨 특수 임무를 하는지 모르겠지만 부처님께서는 재가자의 복장을 하지 말라고 분명히 말씀하셨다.

2013년도 불교박람회에 갔을 때의 일이다. 부스에서 차를 마시고 있었는데 옷을 잘 차려입은 건강한 체구의 60대 남자가 베레모를 쓰고 들어와 빈자리를 찾느라 두리번거렸다. 말투나 몸놀림이 일반 사람 같지 않았고 베레모 속에 숨겨진 머리는 삭발을 한 것 같았다. 반갑게 인사하는 주인과 대화하는 분위기가 어딘지 모르게 부자연스러웠다. 그가 떠난 후 주인에게 슬쩍 물었더니 "어머, 스님을 모르세요? 유명한 분인데 가끔씩 저렇게 사복으로 다니세요."라며 대수롭지 않게 답했다. 그렇게 가끔 속인 복장을 하고 다니고 그것이 재가자들 사이에서 아무렇지 않게 회자되는 것은 그분의 법력이 높아서였을까. 지금도 모를 일이다.

출가자가 굳이 속인의 복장을 한 채로 어떤 일을 했다면, 그것이 청정한 승가의 구성원으로서 합당한지 여부는 누구보다도 본인 양심이 알기에 덧붙일 말은 없다. 다만 통신수단이 극도로 발달한 시대에 사는 후배스님들은 무심코 한 행위가 자기 한 사람에게만 미치는 것이 아니라, 원하든 원하지 않든 승단을 대표하고 더 나아가서는 한국불교와 부처님을 대표한다는 사실을 잊지 말았으면 좋겠다. 특히 누구나 접근 가능한 SNS상에 드러나는 활동이라면 언행과 복장에 더욱 각별한 주의가 필요하다.

청정한 승가의 유지는 출가사문이 져야 할 본연의 책무이지만 재가불자들의 올바른 인식도 청정승가를 구축하고 유지하는 데 큰 역할을 한다. 우리나라 불자들은 너그러워서 그런지 자신이 따르는 스님이나 명성 있는 스님들의 비법적인 행위 혹은 위의 없는 언행에 관대한 것 같다. 때로는 그것이 마치 너그러움 혹은 오픈 마인드인 줄 착각하는 경우도 드물게 있다. 이 또한 승가의 계율 인식이 희박한 데서 비롯된 것이니 지금이라도 하나씩 바른 자리를 찾아가도록 안팎에서 함께 노력하면 좋겠다.

안거 기간 중의 윤달

안거 중간에 어떤 윤달이 오든지 해제일은 7월 15일

2017년 우리나라에는 윤5월이 있었고 대만에는 윤6월이 있었는데 두 나라의 윤달이 다를 수 있다는 사실을 그때 처음으로 알았다. 대만에 있었던 필자가 우리나라 선방에서는 안거 기간을 어떻게 계산하는지 물어 봤더니 의견이 분분했다. 그해 대만의 사찰에서는 윤달을 포함해 4개월간 안거를 했다. 우리나라는 2020년에도 윤4월이 있었으나 바이러스 재난으로 안거 기간에 전체적 변동이 생겼다. 정상적으로 안거를 했다면 하안거 중간에 윤달이 든 경우다. 율장에서는 윤달이 있을 때 안거 기간을 어떻게 계산할까?

먼저 부처님 당시에도 윤달이 있었는지 살펴보자. 율장 가운데 윤달이 언급되는 곳은 『사분율』과 『십송율』 두 곳이다. 『사분율』에서는 구족계 받을 수 있는 나이 계산에 윤달을 포함한다는 언급이 있고, 『십송율』에는 날씨가 너무 덥거나 혹은 다른 이유로 국왕이 윤달을 만든다는 언급이 짤막하게 나온다. 그러나 여름철 안거 중에 갑자기 윤달이 만들어질 경우 안거 기간을 어떻게 계산하는지에 대해 명확한 율문은 없다.

도선 율사는 『십송율』의 주석서인 『살바다비니비바사론』에서 이 문제에 대한 해법을 찾았다. 『살바다론』에는 윤4월이 생길 경우 비구는 안거 시작하는 4월 16일에 완성된 우욕의[20]를 받아 지녀서 7월 15일까지 사용할 수 있는데 그 중간에 낀 윤달을 포함하여 총 120일 동안 가질 수 있다고 설명하고 있다. 그는 윤달 관련 사례가 언급되어 있는 비옷 규정에서 일차적으로 실마리를 찾고, 비옷은 모든 비구가 꼭 지녀야 하는 필수품이 아니라 선택적으로 취할 수 있는 옷임에도 불구하고 윤달을 포함하고 있으니 모든 출가자의 의무사항인 안거 기간에 윤달이 오면 포함시켜야 이치적으로 합당하다는 결론을 내렸다. 안거란 본래 우기 중에 마음을 밖으로 분산시키지 말고 안으로 지키라고 부처님께서 정하신 중요한 일이므로 중간에 윤달이라고 밖으로 나다니면 안거가 연속되지 않고 끊겨서 원만해지지 못한다고 보았다.

윤달은 허수 달로서 있어도 없는 듯이 여기므로 4월 16일부터 7월 15일까지라는 안거의 원칙에는 영향을 못 미친다. 다만 안거 중간에 윤달이 들어오면 안거처에 머물러야 하는 일수가 늘어난다. 이때 윤

---

20 비구는 여름철 우기에 우의(雨衣) 혹은 우욕의(雨浴衣)를 가질 수 있는데 필수사항은 아니고 선택사항이다. 비구니는 목욕할 때 사용해야 하므로 반드시 가지고 있어야 하는 옷이다.

달이 언제인가에 따라 계산이 조금씩 다르다. 『사분율』에는 4월 16일에 안거를 시작하는 전안거와 4월 17일부터 5월 16일 사이에 안거를 시작하는 후안거가 있다. 전안거자는 7월 15일에 해제하므로 윤4월, 윤5월, 윤6월의 경우 총 4개월간 안거를 한다.

후안거자도 시작일을 기준으로 3개월 동안 안거를 해야 하므로 시작 날짜에 따라 해제일이 달라진다. 즉 4월 17일에 시작하면 7월 16일까지, 4월 30일에 시작하면 7월 29일까지가 안거 기간이다. 그러므로 윤4월, 윤5월, 윤6월이 있다면 총 4개월간 안거를 한다. 또 윤4월에 안거를 시작한 이는 어느 날짜에 시작했는지와는 상관없이 5월 1일부터 7월 30일까지가 안거 기간이고, 5월 16일에 시작했다면 8월 15일까지 안거 기간이다. 그 사이에 윤달이 오면 모두 포함해야 한다.

복잡해 보이지만 원리는 간단하다. 후안거 제도가 없는 우리나라 선방의 경우는 안거 기간에 어떤 윤달이 오든지 상관없이 4월 15일에 결제하고 해제일은 7월 15일로 하여 총 4개월간 안거하면 된다.

예전 선배스님들의 이야기를 들어 보면 3개월 안거를 마치고도 공부를 더 하고 싶어서 사중에 양해를 구하고 계속 정진하는 경우도 있었다는데 요새는 어찌된 일인지 윤달을 포함하여 4개월간 안거를 하는 선방이 드문 것 같다. 외호자의 입장이 어려워서인지 수행자들이 원하지 않아서인지 모르겠지만 특별정진과 집중수행을 통해 도업을 성취하려는 마음이라면 도선 율사의 해법이 합리적이고 타당하지 않을까 싶다.

진정한 벗

수행자에게 일곱 가지 조건 갖춘 벗은 수행의 전부

남의 것을 훔치지 말라는 불투도계는 재가수행자에게도 익숙한 계목이다. 율에서 정의하는 '훔친다'는 개념은 허락 없이 타인의 물건을 사용하거나 가져가는 것에서부터 심지어 본래 있던 자리에서 조금만 움직여도 훔치는 조건 하나를 충족한다. 만약 두 사람 사이가 매우 친해서 허락 없이 물건을 썼다면 훔치는 조건은 성립하지 않는다. 친구 것이 내 것이고 내 것이 친구 것이라고 여겨 피차의 분별이 없는 경우가 이에 해당한다.

그러나 상대방과의 인연이 이처럼 돈독하고 믿는 사이가 아니라는 것을 분명히 알면서 친한 사이라고 생각하여 사용했다고 말해서는 안 된다. 이 경우 도둑질하려는 마음은 없었으므로 근본죄를 범하지는 않지만, 상대방이 불편한 마음을 가질 수 있기 때문에 좋은 방식이 아니다.

『사분율』 권41 「의건도」에는 '친후의親厚意' 즉 친하다는 생각으로 옷이나 물건을 상대방의 허락 없이 사용해도 죄가 되지 않는다는 이야기가 나온다. 부처님께서 아난에게 '친한 벗의 조건'을 알려 주는 대목이다.

사리불과 부처님이 함께 구사라국을 유행하다가 잠시 앉아서 쉴 때 아난이 승가리를 땅에 두고 잊어버린 채 다시 길을 나섰다. 한참 후에 이 일을 떠올린 부처님께서 당신의 가사를 주시면서 아난에게 말씀하셨다.

"이 옷을 가지되, 친한 벗이라는 생각을 하고 가져라."

"어떻게 하는 것이 친한 벗이라는 생각을 가지고 취하는 것입니까?"

"물건을 취함으로써 상대방이 환희심을 내는 것이다. 일곱 가지 법을 갖추어야 친우가 되고 이익이 되며 자비로 애민히 여기는 것이 된다. 첫째는 주기 어려운 것을 줄 수 있고, 둘째는 하기 어려운 일을 할 수 있고, 셋째는 참기 어려운 일을 참을 수 있고, 넷째는 비밀을 서로 나눌 수 있고, 다섯째는 서로의 잘못을 이해하고 덮어 주며, 여섯째는 고난을 당해도 버리지 않고, 일곱째는 가난해도 경시하지 않는 것이다.

아난아! 이와 같이 일곱 가지 법을 실행할 수 있는 이를 친한 벗이라고 한다. 항상 그런 사람을 가까이해야 한다. 실제로 친하지 않은데 친하다는 생각을 하면서 주지 않은 물건을 가지면 안 된다. 일곱 가지 조건 중 하나라도 갖추지 않은 경우에는 남의 물건을 마음대로 사용해서는 안 된다."

위 대목을 다시 한번 풀어 보자.

첫째, 주기 어려운 것을 기꺼이 줄 수 있는 사이란, 자기가 아끼고 소중히 여기는 물건이라도 친구를 위해서는 조금도 망설이거나 아까운 마음 없이 내주는 관계이다.

둘째, 하기 어려운 일을 기꺼이 할 수 있는 사이란, 친구를 대신해서 어떤 힘든 일을 해도 싫은 마음이 생기지 않는 관계이다.

셋째, 참기 힘든 일을 기꺼이 참을 수 있는 사이란, 일을 도모할 때는 서로 간에 뜻이 아주 다르고 번뇌롭게 하더라도 끝나고 나서는 조금의 불편함도 없는 관계를 말한다.

넷째, 남들에게 알리기 어려운 비밀을 서로 공유하는 사이란, 속마음을 털어놓고 감추는 것이 없는 관계이다.

다섯째, 서로의 잘못을 이해하고 덮어 주는 사이란, 단점은 자비로운 마음으로 덮어 주고 장점은 밖으로 드러내서 그가 가진 명성이 훼손되지 않도록 지켜 주는 관계이다.

여섯째, 고난을 당했을 때 저버리지 않는 사이란, 설사 감옥에 갇히거나 구속을 당해도 절대로 외면하지 않고 여러 방면으로 도와줄 수 있는 관계이다.

일곱째, 가난하고 지위가 낮아도 함부로 경시하지 않는 사이란,

친구의 빈부귀천에도 언제나 처음처럼 한결같은 마음으로 대하는 관계를 말한다.

부처님의 전생담을 엮은 『자타카』에도 친구와 친구 아닌 자를 어떻게 판단할 수 있는지에 대한 이야기가 나온다.

코살라국왕에게 꼭 필요한 충직한 신하가 있었는데 왕이 그를 특별히 신임하자 다른 신하들이 시샘하여 모함을 하였다. 왕이 조사를 해 보니 그 신하는 아무 잘못이 없었다. 이 사건을 겪은 왕은 부처님께 친구와 친구 아닌 자를 어떻게 구분할 수 있는지 여쭙는다. 부처님께서는 게송을 통해 16가지 조건을 제시하면서 현명한 사람은 이런 기준으로 지혜롭게 관찰하여 친구인지 아닌지를 잘 분별할 수 있다고 말씀하셨다.

> "진정한 벗은 그대가 없을 때도 기억해 주고, 돌아오면 반기고, 무척 기뻐하며, 소리 높여 인사한다. 그대의 적은 칭송하지 않고, 그대의 친구는 좋아하며, 그대를 비방하는 자는 막아서고, 그대를 칭찬하는 사람은 칭송하네. 그대에게 자신의 비밀을 말하고, 그대의 비밀은 발설하지 않으며, 그대가 한 일은 좋게 말하고, 그대의 지혜를 칭찬한다네. 그대의 성공을 기뻐하고, 그대의 불행에는 기뻐하지 않으며, 맛있는 것을 얻으면 곧장 그대를 떠올리고, 그대를 연민하여 맛난 음식을 얻을 수 있게 한

다네."

친구를 잘 사귀어야 한다는 말은 사춘기 청소년에게만 해당하는 것이 아니라 관계 맺음으로 존재를 확인하는 인간에게 평생 유효한 명언이다. 특히 수행자에게 진정한 벗은 수행의 전부라고 부처님께서 말씀하셨으니 그 고귀함을 어찌 말로 표현할 수 있겠는가. 이러한 조건을 모두 갖춘 진정한 벗을 가까이 두고 있다면 삶은 한층 유쾌하고 풍성해질 것이다.

그러한 벗이 내게도 있으면 참 좋겠다고 생각하는가? 그렇다면 먼저 스스로에게 물어보자. 내가 누군가에게 그러한 벗이 될 준비가 되었는지.

사계捨戒와 재출가

출가자가 세속으로 돌아가는 데도 여법함이 있다

한 유튜브에서 어떤 스님께서 "사계捨戒는 혼자 생각만 해도 성립된다."라고 말씀하셨다. 그러나 율전에는 이 말씀을 뒷받침할 근거가 없다. 사계는 모든 율문에서 "계를 내놓겠다는 의미의 말을 소리내서 해야 한다."는 공통의 조건을 가지고 있다. 누구에게 구체적으로 몇 번을 말해야 하는가에 대해서는 『사분율』과 『십송율』, 『살바다비니비바사』, 『선견율비바사』, 『비니모경』 등에 상세하게 언급되어 있다.

『선견율비비사』에 의하면, 말로 해서 상대방이 그 뜻을 알아들어야 사계가 성립하고, 상대방이 알아듣지 못하거나 공설空說이나 혼잣말 등의 방식은 사계가 안 된다. 『살바다비니비바사』에 의하면 사계의 말은 출가자를 상대로 해야 하고, 출가자가 옆에 없을 때는 일반인에게 해도 가능하다. 불자든 비불자든 상관없이 말뜻을 알아듣는 이에게 한 번만 말하면 사계가 성립한다. 『비니모경』에 의하면 입을

닫고 말을 할 수 없으면 사계가 되지 않고, 비구가 청정범행을 좋아하지 않고 외도법이 좋다고 생각하면 계리에 해당한다.

출가자로서 당연히 해야 할 청정행이 싫어지고, 세속으로 돌아가고 싶은 마음이 생기면 계를 내놓고 환속할 수 있다. 이것을 사계捨戒라 한다. 그러나 환속한 후에 다시 불법에 들어와서 청정한 행을 닦고 싶으면 또다시 출가하여 구족계를 받을 수 있지만 횟수는 제한이 있다. 사계가 성립되는 표현은 다음과 같이 여러 가지가 있다. "나는 부처님을 버린다. 법을 버린다. 비구승을 버린다. 화상을 버린다. 아사리를 버린다. 계를 버린다. 율을 버린다. 배우는 일을 버린다. 속인의 법을 받겠다. 정인淨人이 되겠다. 우바새 · 우바이가 되겠다. 사미가 되겠다. 외도가 되겠다. 외도의 제자가 되겠다. 비非사문법을 하겠다. 비석종자법非釋種子法을 하겠다. 나는 백의白衣다. 나는 부처님의 제자로서 지켜야 할 법을 따르지 않겠다." 이 가운데 단 한마디만 해도 사계는 성립한다.

사계와 구분되는 계리戒羸가 있는데 비구가 비구법을 싫어하면서 참괴심을 품고, 마음을 세속에 두기 좋아하면서 다음과 같이 말하면 계리에 해당된다. "나는 부모, 형제, 자매, 처자식, 마을, 도시, 전원 등이 생각난다. 나는 불법승 삼보를 버리고 싶다. 나는 화상을 버리고 싶다. 나는 아사리를 버리고 싶다. 나는 계를 버리고 싶다. 나는 율을 버리고 싶다. 나는 배우는 일을 버리고 싶다. 가업을 잇고 싶다. 비非사문법을 하고 싶다. 비非석자법을 하고 싶다." 이런 말은 계체의 힘이 약해진 것으로서 아직 사계는 아니다.

비구는 일곱 번까지 사계할 수 있다. 이 조건을 충족하려면 살 · 도 · 음 · 망의 네 가지 근본중죄를 범하지 않은 상태에서 도업에 흥미가 없어졌거나 다른 이유로 여법한 방식으로 환속했다가 나중에 다시 발심 출가해야 한다. 『사분율』이나 기타의 율장에서 구체적으로 몇 번이나 사계가 가능하다고 언급한 곳은 없다. 단지 비구니의 경우는 환속한 후 다시 출가하지 못한다는 명문규정이 있다. 비구와 비구니의 경우를 나눠서 살펴보자.

비구의 사계

『오분율』에는 비구가 승잔죄를 범해서 별주참회를 하거나 혹은 여러 가지 방식의 참회법을 실행하던 중에 더 이상 참회하고 싶지 않아서 계를 내놓고 도업을 그만두었다가 나중에 다시 정법에 출가하여 구족계를 받고 싶어할 경우에는 어떻게 하는지를 다루고 있다. 부처님께서는 비구가 자신이 예전에 범했던 죄를 인정하고, 완성하지 못했던 참회의 과정을 이행하겠다고 할 경우에만 구족계를 주고 그 후 중단되었던 참회를 다시 실행시키라고 답하신다.

또 화상이나 아사리였던 스승이 도업을 그만두었다가 과거에 자기 제자였던 비구를 찾아와 구족계를 다시 받고 싶다고 하자 제자는 어떻게 해야 할지 몰라서 부처님께 여쭙는다. 부처님께서는 발우와 가사를 주고 출가시켜 구족계를 받게 도와주라고 하신다. 그렇게 구족계를 주고 나서 스승과 제자의 차서를 어떻게 해야 하는지 질문하자 환속했다가 다시 수계를 받으면 이전에 제자였던 이를 여법하게 스승으로 존중하라고 대답하신다.

『사분율』에 비구가 대중으로부터 거죄갈마擧罪羯磨[21]를 당하자 도업을 그만두었다가 나중에 다시 절에 와서 출가하고 싶다고 말하자, 부처님께서는 그 비구가 이전에 지었던 죄를 인정하면 출가를 허락하고, 출가시킨 후에 자신이 저질렀던 죄를 인정하는지 다시 물어서 긍정하면 구족계를 주고, 구족계 준 후에 참회할 수 있는지 물어서 참회할 수 없다고 하면 거죄갈마를 풀어 주지 말고, 참회할 수 있다고 답하면 거죄갈마를 풀어 주라고 하신다. 또한 갈마를 풀어 준 후 참회를 해야 하는데 만약 참회하지 않으면 대중은 화합하여 다시 거죄갈마를 주라고 상세히 가르치고 있다.

『십송율』에는 죄를 인정하지 않아서 빈출갈마擯出羯磨[22]를 당한 비구가 사계하고 환속한 후 다시 출가하고 싶어서 비구들의 처소에 와

21 비구가 파계(破戒), 파견(破見), 파위의(破威儀), 파정명(破正命) 등의 죄를 범하여 다른 비구로부터 참회를 권유 받고도 자기의 죄를 인정하지 않고 참회하지 않으며 나쁜 소견을 버리지 않을 경우에 승가는 거죄갈마를 주어 불공주(不共住), 즉 별주(別住)시킨다. 승잔죄 별주는 형식상 비구 스스로 청하여 받지만 거죄갈마로 인한 별주는 승가로부터 강제로 부과된 것이다. 대중 밖으로 들려나고 대중과 함께 포살 등의 승사나 갈마를 할 수 없다.

22 마을에 다니면서 파견(破見), 파계(破戒), 파위의(破威儀), 사명(邪命) 등의 온갖 행위를 하여 재가자들의 청정하고 선한 마음을 오염시키는 비구에게 대중이 내리는 처벌로서 현전승가 밖으로 내보내어 참회시키는 방법이다. 일정 기간 참회가 이루어지면 해제갈마를 받고 원래의 지위를 회복할 수 있다.

서 "대덕이시여! 제가 다시 출가하도록 해 주십시오. 출가하면 이전에 범한 죄를 잘 살피겠습니다."라고 하자 비구들은 부처님께 그의 출가를 허락해야 하는지 여쭙는다. 부처님께서는 출가를 허락해 주고, 출가하고 나서 죄를 인정하면 구족계를 주고, 구족계를 준 후에 이전에 완성하지 못했던 빈출갈마를 합당한 절차대로 진행하라고 대답하신다.

위에서 보듯이 『오분율』, 『사분율』, 『십송율』 모두 비구가 사계로 환속한 후 다시 출가를 원할 경우 마땅한 절차를 따라서 구족계를 받을 수 있도록 허락하고 있다. 그런데 환속 후 재출가가 몇 번이나 가능한지에 대해서는 어느 율장에도 명문규정이 없다. 도선 율사는 비구가 사계 후 몇 번이나 다시 출가할 수 있는가에 대한 근거를 『증일아함경』 권27 「사취품邪聚品」에서 찾았다. 경전에는 승가마비구[23]가 마왕에게 항복 당해서 일곱 번이나 환속했다가 다시 출가하여 아라한과를 얻은 이야기가 나온다. 부처님께서는 그의 예를 들면서 일곱 번의 제한을 초과하면 비법이라고 말씀하셨다. 그래서 도선 율사는 『사분율산번보궐행사초四分律删繁補闕行事鈔』(이하 『행사초』로 약칭)[24]에서 비구는 일곱 번까지 사계가 가능하다고 최종 해석을 내렸

23 승가마비구(僧迦摩比丘) 혹은 승가마비구(僧伽摩比丘)라고도 한다.

24 남산율종의 종조인 도선(道宣, 596~667) 율사가 스무 번에 걸쳐 율장을 열람하고 31세(唐武德九年, 626년)에 지은 사분율장 주석서 중 하나다. 그의 모든 계율 사상은 물론 율장의 실행 측면에서 주제별로 정리한 책으로 총 3권 30편으로 구성되어 있다. 상권(12편)에서는 4인 이상의 대중이 처리하는 승사와 관련된 일[衆行]을 위주로 다루고, 중권(4편)에서는 계체, 지

다. 하여튼 사계란 참으로 깔끔하고 정직한 법이다. 스스로 선택한 출가수행의 삶이 싫어지거나 원하지 않을 때는 정직하게 떠날 수 있고, 다시 시작하고 싶을 때는 눈치 보지 않고 당당하게 돌아와 제로 베이스에서 시작할 수 있는 이런 법이 율장에는 분명히 존재한다.

비구니의 사계

현존하는 율장에 비구니의 사계에 대해 전혀 언급이 없다면 비구에 준해서 해석할 수 있겠지만, 비구니의 사계와 재출가에 대한 명확한 규정이 있기 때문에 현재로서는 그것에 준해서 살펴봐야 한다. 비구니의 사계에 대해 언급하고 있는 율장은 『십송율』과 『근본설일체유부비나야잡사』 등의 유부계 율장과 그 주석서들뿐이다. 다른 율에서는 비구니의 사계에 대해 언급하고 있지 않다.

『근본설일체유부비나야잡사』 권30에 따르면 실라벌성의 한 장자 부부가 딸을 낳았는데 아버지는 일찍 죽고 딸이 어느 정도 크자 어머니도 죽어서 고아가 되었다. 걸식을 다니던 투라난타 비구니에 의해 출가하게 된 고아 소녀는 구족계를 받았으나 나중에 결국은 환속하였다. 그녀가 환속 후에 불쌍하게 사는 것을 보게 된 투라난타 비

범, 참회법 등 개인의 행위와 관련된 행[自行]을 다루며, 하권(14편)에서는 가사, 발우, 의약품, 방사 등 개인과 관련된 내용은 물론 교화, 주객상대, 간병, 임종 등 대중과 관련된 일뿐만 아니라 앞에서 다루지 못한 사미별행, 비구니별행 등을 다루고 있다.

구니는 그 여인을 다시 출가시켜 함께 걸식을 다닌다. 그것을 본 장자와 바라문들이 다음과 같이 비난하였다. "석가의 여성 제자들은 참 좋겠다. 어느 때는 출가해서 청정행을 닦더니 어느 때는 도업을 버리고 오염된 세속으로 돌아온다. 이렇게 하고 싶은 대로 다 하니 어찌 좋지 않겠는가!" 이 말을 전해 들은 부처님께서는 "환속한 비구니는 이 같은 과실이 있으니 지금부터 비구니는 환속하면 다시 출가할 수 없다. 장자들이 저렇게 쉽사리 비난하고 비웃으니 나의 법이 무너진다. 그러므로 비구니는 한 번 법복을 버리고 세속으로 돌아가면 다시 출가하지 못한다."라고 제정하셨다.[25]

『근본설일체유부비나야잡사』 권31에는 우파리 존자가 세존께 직접 "비구니가 사계 후 환속했다가 다시 출가를 하면 출가구족계를 줄 수 있습니까?"라고 질문하자 부처님께서는 "우파리여! 일단 한 번 사계를 하면 다시는 출가할 수 없다."라고 답하신다.[26] 『십송율』 권51에는 "부처님께서 말씀하셨듯이 비구니가 만약 사계를 하면 다시 구족계를 받을 수 없다. 다만 사계 후에 다시 구족계를 받아도 계를 범하지 않는 경우가 있다. 즉 갑자기 남자로 몸이 변했을 경우에는 [비구로서] 계를 받아도 범하지 않는다."[27]라는 예외 조항이 있다.

---

25 T24, p.352b2-20.

26 T24, p.358c1-3.

27 T23, p.377c15-18.

주석서인 『살바다부비니마득륵가』에도 비구니가 사계를 하면 다시 출가하여 구족계를 받을 수 없다는 규정이 있다. 그러나 환속한 후에 남자의 몸으로 변했을 때는 다시 출가하여 구족계를 받을 수 있다. 또한 비구니가 근본중죄를 범하여 환속한 경우라도 남자의 몸으로 변했을 때는 다시 출가하여 구족계를 받을 수 있다. 이처럼 유부계의 율장과 논서에는 비구니의 경우 사계는 있어도 재출가는 허용되지 않는다는 명확한 규정이 있다. 다만 이 규정은 비구니였다가 환속한 이가 대상이므로, 사미니계나 식차마나계는 근본중죄를 범한 경우가 아니면 여법하게 계를 내놓고 환속했다가 다시 출가하는데 문제가 없다고 해석한다.

현재 조계종 종법에는 비구니가 환속한 후 다시 출가할 수 있다고 명시되어 있다. 혹자는 이것이야말로 종법에서 현대사회의 남녀평등을 구현하고 있는 것 아니냐고 말할지도 모르겠다. 하지만 남녀평등은 율장의 일반적 규정에 어긋나게 시설된 종법의 규정 하나로는 실현되지 않는다. 실제 이 조항이 적용된 적이 있는지는 모르겠지만 율장을 포함한 삼장 어디에도 근거가 없고 다른 불교국가에서도 사례를 찾아볼 수 없는 규정이다.

상좌부 불교

빨리율 역시 근본중죄를 범해서 승단에서 나가거나 멸빈되었을 경우에는 정상적인 사계가 아니므로 재출가가 허용되지 않는다. 그 외의 여하한 이유로 합법적 절차를 통해 사계를 했으면 다시 출가를 허용한다. 빨리율에 대한 이해가 깊은 스님을 통해 확인한 바에 따르면, 사계 후 재출가 횟수는 일곱 번으로 제한된다고 일반적으로 '이해되고 있다'고 한다. 이해되고 있다고 말하는 이유는 빨리율장이나 주석서에도 일곱 번이라는 명확한 규정이 없기 때문이다. 그러나 『앙굿따라 니까야』에 도선 율사가 참고한 것과 같은 내용이 있으니 일곱 번 제한을 보편적으로 받아들이는 것 같다. 도선 율사 생존 시에는 중국에 빨리율이 번역되지 않은 상태였는데도 제한 횟수에 대한 해석이 일치하고 있으니 율사의 다문과 지혜가 드러나는 사례이다.

재가불자 관련

『살바다비니비바사』 권1에 재가불자에 해당되는 부분이 있다. 재가불자가 오계나 팔계를 받은 후 '살·도·음·망'의 네 가지 근본중죄를 범하고 나중에 다시 오계나 팔계를 받으려고 하면 허락하지 않는다는 조항이다. 이렇게 근본중죄를 범했던 이는 나중에 출가할 마음을 내어도 출가가 허락되지 않는다. 대승법에 의하면 오계를 범했다 하더라도 케이스마다 다르게 접근한다. 현실에서 상담을 할 때는 계를 범한 상황에 대해서 자세히 분석한 후 다양한 방식과 절차를 통해 참회하도록 안내하고 가급적 구제의 방법을 찾는다. 참회자가 보이는 진정성을 지켜 본 후에 다시 계를 줄 수도 있다. 계율을 현장에서 적용할 때 고려되는 중요한 기준은 '금제는 엄하게, 구제는 너그럽게'라는 것이다.

네 가지 근본중죄 가운데 현실에서 범할 가능성이 가장 높은 것은 음계이다. 오계를 받은 재가불자의 음계는 합법적인 배우자가 아닌 대상과의 모든 음행이 해당되고, 팔관재계를 받았을 때는 출가자와 마찬가지로 일체의 음행이 금지된다. 따라서 오계나 팔계를 받은 후 어쩔 수 없이 범하는 상황에 직면하게 되면 재빨리 상대방에게 계를 내놓는다는 말을 해야 한다. 여법한 사계가 이뤄진 경우에는 나중에 다시 오계와 팔계를 받을 수 있다. 다만 어떤 경우라도 재가자가 출가자의 청정행을 훼손하거나 무너뜨린 경우에는 출가할 수 없다. 그러므로 오계나 팔계를 줄 때는 재가불자에게 이 부분을 잘 짚어 주어야 한다.

정법이 오래 머무는 조건

올바른 믿음 지니고 청정한 행 실천해야 정법이 존속

2016년 당시 한국의 언론에서 하루가 멀다 하고 불교의 어두운 사건들을 보도했다. 각종 게시판과 SNS에 승단과 출가자를 향한 비난들이 횡행하던 그때, 『십송율』의 난제 장로 이야기와 『법원주림』 「법멸편」의 오탁악세에 관한 글을 보았는데 울림이 아주 컸다. 다시 읽어 봐도 따끔한 경책의 말씀이다. 옛 어른들이 이런 글로 경책을 내린 것은 당시의 시대상을 반영한 것이기도 하지만 그런 불행한 사태가 오지 않도록 깨우침을 내릴 목적이라고 생각한다.

『십송율』 권49에 나오는 이야기이다.

난제 장로가 부처님께 예를 올린 후 다음과 같이 여쭙는다.

"부처님! 정법이 멸하고 상법이 되면 세상에 어떤 비법非法들이 생기게 됩니까?"

"난제여! 정법이 멸하고 상법의 시대가 되면 다섯 가지의 비법이 세상에 나타난다."

"어떤 것이 다섯 가지입니까?"

"정법이 멸하고 상법시대가 되면, 비구가 마음으로 뭔가를 조금 얻고는[28] 성인의 법을 벌써 이루었다고 스스로 말하니 이것이 첫 번째 비법이다.

난제여! 정법이 멸하고 상법시대가 되면, 재가자는 계법이 없더라도 불법승 삼보를 공경하고 믿는 까닭에 천상에 태어나고, 어떤 출가자는 계를 범하고 단월의 시주를 낭비하여 각종 악의 문을 열고 후학들을 방일하게 만든 과보로 지옥에 떨어지니 이것이 두 번째 비법이다.

난제여! 정법이 멸하고 상법시대가 되면, 어떤 이들은 세간의 업을 떨쳐 버리고 출가를 하고서도 명리를 좇아 계를 파하니 이것이 세 번째 비법이다.

난제여! 정법이 멸하고 상법시대가 되면, 계를 파한 자들에게 여러 사람들이 도움과 협조를 주지만 정작 계를 지키는 자들은 도움과 협조를 받지 못하니 이것이 네 번째 비법이다.

난제여! 정법이 멸하고 상법의 시대가 되면, 선한 이는 힘이 약한 까닭으로 사람들로부터 욕을 얻어먹지 않는 자가 없고 심지어 아라한에게도 사람들이 욕을 하니 이것이 다섯 번째 비법

28 오정심관 수행으로 잠시 번뇌를 눌러놓을 정도의 견지를 얻은 것을 말한다.

이다.”

율에는 다른 비구가 이 문제를 다시 여쭙자 부처님께서 모든 비구들에게 위와 같은 말씀을 똑같이 반복하셨다고 적고 있다.

『법원주림法苑珠林』 권98 「법멸편法滅篇」에는 『대오탁경』을 인용하여 부처님께서 열반에 드신 후에 나타나는 다섯 가지 법난에 대해 상세히 언급하고 있다.

“『대오탁경』에서는 부처님께서 열반에 드신 후에 다섯 가지 법난이 있을 것이라고 하였다. 첫째, 말법시대에는 비구들이 재가자로부터 법을 배우니 세간의 첫 번째 난이요, 둘째, 재가자가 법상에 앉아 법을 설하고 비구들은 아랫자리에 앉아 들으니 세간의 두 번째 난이요, 셋째, 비구의 설법은 실천하고 받드는 이가 없고 재가자의 설법은 위없는 가르침으로 여기니 세간의 세 번째 난이요, 넷째, 마군의 집안에서 비구가 자생하여 모습을 드러내는데 세간은 그런 마군의 가르침을 참된 도로 여긴다. 부처님의 바른 가르침은 자연히 드러나지 않게 되고 거짓을 진실한 것으로 믿으니 세간의 네 번째 난이요, 다섯째, 말법의 비구들은 처자와 노비를 거느리고 생활에 치중하며 다툼을 일삼고 부처님의 가르침은 전승하지 않으니 세간의 다섯 번째 난이다.”

『법원주림』의 저자는 대중승단에 비구의 모습으로 나타나기도 하고 백의의 모습으로 나타나기도 하는 마군의 무리들이 계를 파하고 법을 문란하게 하여 눈먼 중생들로 하여금 불법을 훼방하고 비난하게 만들고 선근을 끊어 버리고 정법을 훼멸시키는 것을 안타까워하면서, “어떤 맹인이 자기 앞길도 보지 못하면서 길을 본다는 거짓말로 오백 명의 맹인을 인도하여 다 같이 구덩이에 떨어지게 만드는 것과 같으니 자신이 진흙탕에 빠져 있으면서 어떻게 남을 구제할 수 있겠는가.”라고 애통해 한다.

혼탁한 세상일수록 정법을 지키고 중생을 이롭게 하는 청정비구를 구분해 내고 옹호하는 재가자의 역할이 중요해진다. 마군이 가장 두려워하는 것은 ‘지계 청정한 비구’와 ‘일심으로 염불하여 극락왕생을 추구하는 사람’이기 때문이다. 마왕의 장악에서 벗어나려면 수행자는 오직 부처님의 계법을 수호하고 좌선을 하거나 일심으로 염불하여 삼계육도를 벗어나 성불하기를 희망해야 한다. 재가수행자 역시 지극한 마음으로 삼보를 호지하고 법에 의지하되 사람을 의지하지 말아야 한다. 상법시대와 오탁악세는 따로 정해진 것이 아니라 어떤 마음과 자세로 현재의 삶을 살아가느냐에 달려 있다. 이 순간 불교 수행자들이 올바른 믿음을 가지고 청정한 행을 지키며 수행한다면 정법은 우리와 함께 세상에 머물 것이다.

사자상섭師資相攝의 의미

불법이 크게 퍼지려면 스승과 제자가 섭수해야

요즈음은 제자를 거둬서 부처님 혜명을 이어 주면 좋겠다 싶은 스님들로부터 "제자를 두지 않겠다."는 말씀을 자주 듣는다. 또한 스승과 제자의 관계가 형식적으로 유지될 뿐 남남처럼 사는 경우도 있다. 스승과 제자 되는 일은 인연에 따라야 하지만 부처님 법을 이어야 한다는 측면에서 볼 때 사자상승師資相承은 매우 중요하다. 『사분율』 권33[29]에는 스승 되는 이가 갖춰야 할 화상법和尚法과 제자 되는 이가 갖춰야 할 제자법弟子法 등 스승과 제자가 각각 지켜야 할 의무와 도리 그리고 상호 관계에 대해서 아주 상세하게 언급하고 있다.

도선 율사는 『행사초』「사자상섭편師資相攝篇」에서 여러 율장 속에 들어 있는 스승과 제자의 자격과 역할을 재정리하였다. 도선 율사의 『행사초』와 『계본소』 및 영지 율사의 『행사초자지기』 등의 내용을

29 『四分律』 卷33, T22, 800c22-803a18.

참고하여 스승과 제자의 법에 대해 다시 한번 생각해 본다.

불법이 크게 퍼지려면 스승과 제자가 진심으로 서로 섭수해야 가능하다. 스승과 제자가 마음으로 서로를 잘 돌봄으로써 법과 물질이 함께 갖춰지고, 제자는 날이 갈수록 배움이 깊어지고, 행동이 후덕하고 견고해지는 이 모든 일이 스승과 제자가 서로 섭수하고 의지하는 데서 가능해진다.

영지 율사는 『행사초자지기』에서 다음과 같이 말한다. "지금 이 시대는 현묘한 교법이 쇠약해지고, 지혜의 바람은 부채질하듯 약하니 재가자는 출가자를 업신여기고 출가자는 비법非法에 몰입한다. 게다가 스승은 후학을 잘 인도하고 다스릴 마음이 없고, 제자는 스승을 받들어 행할 의지가 없다. 스승도 제자도 자기의 역할을 버리고 망령되고 비루한 경계에 몸을 맡긴다. 이러니 정법의 광명을 밝히려 한들 무슨 방법이 있겠는가? 이렇듯 거꾸로 전도된 이들을 구하는 일이 급한지라 안락을 찾을 방도를 주고자 하니 희망컨대 스승을 공경하고 부처님의 가르침을 실천하여 불법이 영원히 멸하지 않게 되길 바란다."

『선견율善見律』에 따르면, 제자에게 어떻게 행동하는 것이 죄업이 되지 않는지 알려 주고 제자의 잘못을 보면 나무라고 깨우쳐 주는 이를 스승이라 한다. 스승과 마찬가지로 선법을 가르쳐 알게 해 주는 이가 아사리다. '제자弟子'는 스승보다 뒤에 배우므로 '아우[弟]'라 하고, 스승으로부터 배워서 이해를 하므로 '아들[子]'이라고 해석한다. 스승[師]의 입장에서 제자[資]는 곧 아우와 같고 아들과 같으며, 제자의 입장에서 스승은 곧 형과 같고 아버지와 같다.

『육방예경』에 따르면 제자와 스승 사이에 지켜야 할 예법과 의무는 다음과 같다.[30] 우선 제자가 스승을 섬기는 방법은 다섯 가지가 있다.

① 스승을 공경하고 어려워한다.

② 스승의 은혜를 생각한다.

③ 스승의 말씀과 가르침을 잘 따른다.

④ 늘 스승을 생각하고 싫어하지 않는다.

⑤ 스승의 면전이 아닌 뒤에서 스승을 찬탄한다.

스승이 제자를 가르치는 방법 또한 다섯 가지가 있다.

① 어리석음을 깨우쳐 알게 만들어야 한다.

② 다른 이의 제자보다 훌륭하게 만들어야 한다.

③ 가르친 것을 항상 잊지 않도록 해 줘야 한다.

④ 의심을 풀어 줘야 한다.

⑤ 제자의 지혜가 자신보다 뛰어나도록 만들어야 한다.

승단에서는 오래전부터 스승과 제자의 예법이 실천되어 오고 있

---

30 『四分律刪繁補闕行事鈔』 卷1, T40, 31a9-13.

지만 새삼 짚어 본 이유는 어떤 가치들은 세월 속에서 빛이 바래기도 하고, 당연시 여기고 행해지는 어떤 것들은 부처님께서 정하신 법에 부합하지 않는 것들도 있기 때문이다. 얽히고설킨 세속을 벗어나 출가사문의 인연으로 새롭게 만난 스승과 제자 간 인연이 더도 말고 덜도 말고 부처님의 가이드라인대로 이뤄질 수 있다면 출가해서도 씨줄과 날줄로 엮여 가는 복잡한 번뇌들을 절반 이상은 쓸어버릴 수 있을 것이다.

부처님 음성을 통해 스스로 제자의 예를 잘 갖추고 살아왔는지 돌아보니 부끄럽다. 원하든 원하지 않든 세월 따라 스승의 위치로 옮겨 가게 되었을 때 어떤 모습이어야 하는지 다시 한번 발원하게 된다.

2600년 동안 살아 있는 전통으로 율장을 지켜 온
승가의 헤아릴 수 없이 많은 스님들께 절하옵니다

師

스승의 법과 제자의 법

스승이 제자를 가르치고 꾸짖는 방법

율장에는 스승과 제자 간에 지켜야 할 예법에 대해 자세히 언급하고 있다. 『사분율』 권33에 따르면 "화상은 제자 돌보기를 자식처럼 여겨야 하고 제자는 스승 모시기를 아버지같이 해야 부처님 정법이 오래 머무르고 불법의 이익이 광대해진다."라고 했다.[31] 스승이 제자를 자식같이 생각한다는 것은 제자가 전문가가 되도록 가르치고 훈련시키며, 자비심으로 보호하고, 측은한 연민심으로 사랑하면서 옷과 음식을 제공하는 것을 의미한다. 제자가 스승을 아버지처럼 여긴다는 것은 스승을 친애親愛하고, 공경하고 효순하며, 어렵게 여기고 두려워할 줄 알며, 신하가 왕을 섬기고 자식이 부모를 섬기듯 봉양하고 모신다는 의미이다.[32]

---

31 『四分律』卷33, T22, 799c3-7.

32 『四分律删繁補闕行事鈔』卷1, T40, 31a16-20.

어느 때에 제자들이 은사인 화상을 공경하지 않고, 스승의 일을 받들지 않으며, 참괴심이 없고,[33] 제자의 법에 수순하지 않아서 부처님께 여쭈니 꾸짖는 가책訶責을 하라고 하셨다. 비구들이 어떻게 가책하는지 알지 못한다고 하자 다음과 같은 다섯 가지 방식으로 하라고 하셨다.

① 너는 나가라 : 나가서 보러 오지 말라는 뜻으로 가장 가벼운 꾸지람이다.
② 내 방에 들어오지 마라 : 대계 내에 머무르기는 하되 스승의 방 안에는 들어오지 말라는 뜻으로 앞의 것보다 조금 무거운 가책이다.
③ 내 방 청소나 심부름 등을 하지 마라 : 스승을 받들어 모시거나 시자의 복무를 하지 말라는 뜻이다.
④ 내 곁에 가까이 오지 마라 : 스승이 되지 않겠으니 너는 다시는 내 처소에 오지 말라는 뜻이다.
⑤ 너하고는 말도 섞지 않겠다 : 다시는 같이 말도 하지 않겠으며,

33 참괴심(慚愧心)은 유식의 51가지 심소 중 하나이다. 참괴심이 없는 것을 무참무괴라고 한다. 무참은 악행을 부끄러워하지 않고, 자신의 인격과 존엄을 귀하게 여기지 않으며, 현인의 가르침을 거절하고, 세간과 출세간의 선법을 받아들이지 않는 것이다. 무괴는 세간의 도덕, 사회와 여론을 두려워하지 않는 것이다. 선심소(善心所)인 참(慚)은 자신의 가치와 존엄의 관점에서 스스로 부끄러워할 줄 아는 것이고, 괴(愧)는 세상과 사회의 도덕이나 여론의 관점에서 부끄러움을 아는 것을 말한다.

서로 간에 제자도 아니고 스승도 아니므로 지금부터는 가르치지 않겠다는 뜻으로 가장 무거운 가책이다.

이 다섯 가지 법은 제자를 꾸짖어서 잘못을 고치게 할 목적으로 만들어졌다. 비구들이 제자가 어떤 일을 저질렀을 경우 위와 같이 꾸짖을 수 있는지 몰라서 다시 여쭈니, 부처님께서는 제자가 다음과 같은 행위를 했을 때는 꾸짖는 가책을 하라고 하셨다.

법다운 꾸짖음[34]

① 자신이 악행을 하고도 부끄러워하지 않는 경우
② 다른 이의 선행을 보고도 배우지 않고 실천하지 않는 경우
③ 화상이나 아사리의 여법한 가르침이나 꾸지람을 받아들이지 않거나 가르침대로 행동하지 않는 경우
④ 네 가지의 가벼운 하품죄를 짓는 경우
⑤ 삼업의 행위와 태도에 스승이나 타인에 대한 공경심이 없고 자만심이 높은 경우
⑥ 스승의 가르침을 받아들이지 않아서 말로 가르치기가 힘든 경우
⑦ 악인을 벗으로 삼아 가까이하는 경우

---

34 『四分律刪補隨機羯磨』卷2, T40, 509a21-b6.

⑧ 음녀淫女의 집에 왕래하기 좋아하는 경우
⑨ 이미 혼인한 여성의 집에 왕래하기 좋아하는 경우
⑩ 미혼 여성의 집에 왕래하기 좋아하는 경우
⑪ 황문黃門의 집에 왕래하기 좋아하는 경우
⑫ 비구니의 정사에 가기 좋아하는 경우
⑬ 식차마나가 있는 정사에 가기 좋아하는 경우
⑭ 사미니가 있는 정사에 가기 좋아하는 경우
⑮ 거북이나 자라를 이용해서 점치는 곳에 가는 것을 좋아하는 경우

위와 같이 법답지 못한 잘못을 저질러서 스승에게 꾸지람을 들은 제자는 매일 아침, 점심, 저녁 세 차례에 걸쳐 화상이나 아사리에게 참회해야 한다. 이때는 가사를 입고, 신발을 벗고, 우슬착지를 하고, 합장한 후 다음과 같이 참회의 말을 해야 한다.

"대덕스님께 아뢰옵니다. 저 모갑은 지금 참회합니다. 앞으로 다시는 나쁜 일이나 잘못을 저지르지 않겠습니다. 원컨대 스님께서는 자비와 아량을 베풀어 주십시오."

이렇게 참회를 했는데도 스승이 받아들이지 않으면, 그다음 날도 똑같이 세 차례에 걸쳐 참회해야 한다. 그래도 용서하지 않으면 마음을 비우고 스승의 가르침에 완전히 수순하면서 잘못을 고칠 방도를 찾아야 한다.

제자가 위와 같이 정성껏 참회했는데도 받아 주지 않고 용서하지

않으면 이때는 스승이 죄를 범하게 된다. 또한 스승의 꾸지람이 법답지 못한 경우도 있었다. 부처님께서 제자를 꾸짖으라고 하신 일을 계기로 어떤 이들은 한 번 잘못한 것을 가지고 계속 꾸짖어서 결국 제자가 환속하는 일이 벌어졌다. 부처님께서는 스승이 다음과 같은 방식으로 꾸짖는 것은 바른 법이 아니라고 하셨다.

① 제자가 목숨이 다하도록 가책하는 경우
② 안거가 끝날 때까지 계속 가책하는 경우
③ 병든 제자를 가책하는 경우
④ 제자가 없는 자리에서 가책하는 경우 (반드시 면전에 두고 가책해야 함)
⑤ 잘못을 구체적으로 드러내지 않고 꾸짖는 경우 (반드시 잘못한 점을 짚어서 깨닫게 해야 함)
⑥ 제자를 가책한 후 참회하지 않았는데도 그로부터 계속 음식을 공급받거나 일을 시키는 경우
⑦ 제자가 가책을 받고 참회하지 않으면서 계속 아사리를 의지하는 경우 혹은 아사리가 계속 의지를 받아 주는 경우
⑧ 제자가 가책을 받고 참회하지 않았는데 스승이 떠나 버리는 경우
⑨ 제자가 가벼운 가책을 받고 다른 비구의 처소에 가서 머물면서 화상의 일을 돌보지 않게 두는 경우

도선 율사는 『사분율산보수기갈마』에서 제자가 스승을 떠나야 하

는 경우를 일목요연하게 정리하였다.[35] 제자에게 잘못이 있으면 스승은 반드시 법답게 꾸짖어야 함에도 불구하고 자신이 계법과 가르침에 무지해서 스스로도 무슨 잘못을 범했는지 모르니 제자가 계를 잘 지키는지의 여부는 더욱 알 길이 없고, 악을 멀리하고 선을 가까이하도록 인도할 줄 모른다. 이런 스승에게는 배울 법이 없으므로 제자는 다음과 같은 말을 하고 하직인사를 한 후 떠나야 한다.

① 제가 여법한지 화상께서는 모르십니다.
② 제가 법답지 않은지도 화상께서는 모르십니다.
③ 제가 계를 범해도 화상께서는 방치하고 가르침을 주지 않으셨습니다.
④ 심지어 계를 범했는지 여부도 알지 못하십니다.
⑤ 계를 범해 놓고도 어떻게 참회해야 하는지 알지 못하십니다.

장유유서의 질서나 체면이 중요시되는 문화에서 스승에게 저런 말을 하고 떠날 수 있는 제자가 과연 몇이나 될까 싶지만 부처님의 가르침은 '법[다르마]'의 성취를 최우선에 두기 때문에 가능해야 한다. 『마하승기율』[36]에는 제자가 비법을 행하는 스승에게 공손한 태도로

35 『四分律刪補隨機羯磨』 卷2, T40, 509b7-14.
36 『摩訶僧祇律』 卷28, T22, 458c26-459a10.

“스님, 그렇게 하시면 안 됩니다.”라고 간언할 때, 스승이 “제자야! 내가 다시는 그렇게 하지 않겠다.”라고 인정하고 받아들이면 원만하고 선하지만 스승이 “그만두어라. 네가 나의 화상도 아사리도 아닌데 지금 나를 가르치려고 드느냐? 다시는 그런 짓 하지 마라.”고 화를 내면 그의 곁을 떠나라고 한다. 만약 상대방이 의지아사리일 경우에는 가사와 발우를 들고 절 밖에 나가서 하룻밤을 보내고 다음날 돌아와서 다른 비구를 의지사로 청하라고 한다.

『십송율』[37]에 네 종류의 화상을 언급하고 있다. 화상이 법과 음식을 둘 다 제공해 준다면 죽을 때까지 그의 곁에 즐겁게 머물고, 법은 제공되지만 음식이 없다면 다른 곳에 가서 음식을 구하는 등 고생을 하더라도 법을 지닌 스승 곁에 머물러야 한다. 음식은 제공되나 법이 없다면 하직인사를 하고 떠나야 한다. 법도 음식도 제공하지 않는 화상이라면 밤낮에 상관없이 즉각 떠나야 한다. 야반도주가 합법적으로 허용되는 경우이다. 그러나 이러한 일들은 스스로 법과 비법을 간별할 수 있는 지혜를 갖추고 있어야 가능하다. 오염된 번뇌로 가득 찬 상태로는 스승의 법과 마음을 오해하고 곡해할 수 있기 때문이다. 따라서 누군가의 제자로서 처음 배울 때는 스승의 가르침에 귀 기울이고 해태하지 말고 스스로 법과 법 아닌 것을 가려내는 안목을 기르는 데 노력해야 할 것이다.

---

37 『十誦律』 卷49, T23, 356c15-20.

아라한도 예외 없는 포살

포살 여부는 정법의 수명을 알려 주는 척도

출가자가 계율을 지켜야 한다고 말할 때 과연 '무엇'을 지켜야 할까? 계율 하면 흔히 비구 250가지 계목과 비구니 348가지 계목을 먼저 떠올린다. 이것은 경분별에 포함된 바라제목차를 말하는데 주로 출가자 개인의 행위를 규제하는 부분으로서 지지止持라고도 한다. 즉 금지된 행위를 하지 않음으로써 계를 지키는 행위로 소극적 지계에 해당한다. 또 하나의 중요한 규범은 승단이 적극적으로 실천해야 지계가 되는 작지作持인데 건도부에서 주로 다루고 있다. 작지법 가운데 출가자로서 반드시 알고 실천해야 하는 필수과목부터 우선 살펴보자.

율장에서는 4인 이상의 비구가 모인 곳을 승가라고 하는데, 모든 승가는 보름마다 포살을 해야 한다. 또한 혼자 사는 비구나 2~3인이 생활하는 곳의 비구도 법답게 포살을 해야 한다. 『십송율』에 따르면, 부처님께서 포살갈마로 바라제목차를 설하도록 정하기 전에는 장로 비구나 젊은 비구들이 이곳저곳에 모여 앉아서 법을 강론했다. 그것을 본 외도들이 “우리는 상법上法이 있는데 비구들은 없다.”라고 비난했다. 그래서 부처님께서 비구들에게 다 같이 모여서 포살로 계를 설하도록 정하셨다. 『사분율』에 의하면, 빔비사라왕이 외도들이 한 달에 세 번 한 장소에 다 모여서 서로 안부를 묻고 음식을 나눠 먹는 것을 보고는 부처님께 비구들도 그렇게 모이면 왕이 신하들과 같이 참석하여 공양을 올리겠다고 건의하였다. 부처님께서 듣고는 묵연默然하시자 왕은 자신의 건의가 받아들여진 것으로 여기고 자리를 떠났다. 부처님께서는 비구들을 모으고 앞으로는 보름마다 모여서 포살을 하라고 정하셨다.

포살이라는 단어는 범어인데 악을 버리고 선법을 증득하여 궁극에는 청정한 행을 이룬다는 뜻이다. 정주淨住라고도 하는데 계법 가운데 머물면 삼업이 청정해지는 까닭이다. 보름마다 자신이 계를 범했는지 여부를 스스로 관찰하여 신업과 구업을 청정히 하고, 이를 통해 의업까지도 점차적으로 청정하게 만든다. 포살의 실행은 정법이 오래 머물 수 있는지 알 수 있는 척도가 된다. 계가 청정하면 정과 혜가 반드시 성취될 수 있으므로 정법이 오래 머물게 된다. 그래서 『비니모론』에서는 ‘청정이 곧 포살의 뜻’이라고 했다.

『마하승기율』 권27에는 아나율과 관련된 사건을 통해 부처님께서 포살을 얼마나 중요하게 여기셨는지 보여 주고 있다.

부처님께서 왕사성 기사굴산에 계실 때였다. 모든 비구들이 모여 포살갈마를 하는데 아나율이 불참하자 사람을 보내 데리고 오게 했다. 스님이 아나율에게 가서 말했다.

"비구스님들이 모여서 포살갈마를 하려고 합니다."

그러자 아나율은 "부처님께서는 청정이 바로 포살이라고 하셨소. 세간에서 청정한 이가 바로 나이므로 가지 않겠소."라고 답했다. 이 말을 전해 들은 비구들이 어떻게 해야 할지 몰라 세존께 여쭈었다.

세존께서는 "가서 아나율을 불러오라. 천안통을 쓰지 말고 걸어서 오라고 하라."고 대답하셨다. 아나율은 졸음으로 인해 부처님께 꾸지람을 듣고 용맹 정진하다가 실명을 했기 때문에 천안통을 쓰지 않으면 앞을 볼 수가 없었다. 험한 길을 걸어서 아주 힘들게 포살 장소에 도착하자 부처님께서는 "장로인 네가 포살을 공경하지 않는다면 대체 어느 누가 포살을 공경하고 실천하겠느냐?"라며 꾸짖고 다음과 같이 계를 제정하셨다.

"지금부터는 포살할 때 모든 비구들이 다 모여야 한다. 만약 참석하지 못하거나 혹은 병이 있을 경우에 위임하지 않으면 월비니죄이다."

아나율은 아라한과를 증득했고 청정하므로 청정을 의미하는 포살에 참석할 필요가 없다고 했지만, 부처님께서는 아라한도 포살에 반드시 참석하라고 하셨다. 이것은 포살이 출가자와 승단에 끼치는 영향이 매우 크고 중요하다는 뜻이다. 포살을 할 때는 특정한 형식의 갈마를 해야 한다. 갈마는 비구는 비구끼리 포살하고 비구니는 비구니끼리 포살하는 '동종의 원칙'과 동일한 계界 내의 비구는 모두 참석해야 하는 '전원 참석의 원칙'을 충족해야 한다. 그래서 포살갈마를 할 때 대중이 다 모였는지 반드시 묻는다. 정당한 위임 없이 참석하지 않은 이가 있으면 그 포살은 별중別衆으로 무효가 된다.

비구니는 포살을 하기 전에 비구승단에 교계教誡를 청하는 절차를 밟아야 한다. 처음 교계가 제정되었을 때는 비구니 전체가 비구승단에 가서 가르침을 청했는데 비구니들이 다 모이니 너무 시끄러웠다. 그래서 나중에는 비구니 대표를 비구승단에 파견하여 가르침을 청하고, 비구승단은 청정한 비구를 파견하여 계율에 관한 교계를 하도록 바뀌었다. 시간적 절차를 보면 비구니승단에서는 포살을 하기 전에 비구승단에 교계를 청하러 사람을 보내고, 포살 당일에는 비구승단과 비구니승단이 자체적으로 포살한다. 그 후에 비구승단에서 선출된 교계사는 비구니승단에 와서 가르침을 내린다. 포살을 한 후 당일에 할 수도 있고 다른 날에 할 수도 있다.

다시 말하지만 부처님께서는 모든 출가자는 보름마다 포살을 하도록 요구하셨다. 이것은 출가와 재가를 구분 짓는 아주 중요한 의례이며 출가자 스스로 지난 시간을 돌아보고 반성하고 정진하게 만드는 소중한 장치이다. 포살이라는 형식을 통해 청정을 회복하면서 앞으로 나아가면 출가수행의 진정한 목적이 지켜지고 세속의 오욕락을 벗어날 수 있는 지름길이 열린다. 하물며 아라한조차 참석하도록 지시하신 부처님 뜻에 비춰 볼 때 범부중생인 우리들이야 말할 것도 없지 않을까?

출가자의 절 예법

출가자는 상대가 왕이라도 절하지 않는다

어떤 이가 승보의 한글 번역인 '거룩한 스님들께 귀의합니다'에 이의를 제기하면서 스님들 개개인에게 절을 하고 공경을 표해서는 안 된다고 주장하더니 급기야는 출가자도 재가자에게 절을 해야 한다고 주장하였다. 자신의 주장이 옳다고 표명할 때는 반드시 삼장의 근거를 통해서 이뤄져야 한다. 그렇지 않으면 다른 사람들까지도 잘못 이끄는 무거운 업보를 감당해야 한다.

부처님 법에 따르면 원칙적으로 출가자는 재가자에게 절을 하지 않는다. 이것은 삼보에 대한 공경을 통해 정법이 세상에 유지되도록 하기 위한 것으로서 상좌부 불교에서는 지금도 엄격하게 지켜지고 있다.[38] 경전과 율장에서는 이 부분을 어떻게 정리하고 있을까?

---

38 상좌부불교의 법에 의하면 비구들은 재가불자는 물론이거니와 비구니가 절을 할 때조차 합장하지 않는다.

율장에 따르면 부처님의 제자 7중[출가 5중과 재가 2중] 가운데 비구승이 상수가 되어 비구니 이하 우바이에 이르는 6중으로부터 예경을 받는다. 심지어 승단 내에서도 중 · 상좌는 하좌에게 예를 표하지 않도록 되어 있다. 우파리 존자는 출가 전에 불가촉천민이었으나 석가족의 왕자나 귀족들보다 먼저 출가하였으므로 상석에 앉고 그들로부터 절을 받았다. 『사분율』「방사건도」에는 비구가 공경의 예를 표하지 말아야 할 대상과 승단 내에서 예를 표하는 순서가 자세히 나온다. 비구는 재가자와 재가자의 탑묘 및 여인에게 절해서는 안 된다. 먼저 계를 받은 이가 나중에 계 받은 이에게 공경의 예를 올려서도 안 된다. 또한 계를 받을 수 없는 중죄를 범한 이[13重難], 대중을 번거롭게 하는 죄를 짓고도 인정하지 않거나 참회하지 않거나 악견을 버리지 않는 등의 일로 죄를 드러내는 거죄갈마擧罪羯磨를 당한 이, 바라이죄를 범해 멸빈 당한 자, 혹은 멸빈 당해야 하는데 긴급상황이 생겨서 갈마를 하지 못한 멸빈 예정자 등에게는 공경의 예를 표해서는 안 된다. 비법을 설하는 자에게도 공경의 예를 하지 말라고 되어 있다.

율장에는 아나함과를 증득한 거사가 범부인 육군비구에게 예경하고 공양을 올리다가 재산을 다 써 버린 이야기가 나온다. 그 일을 계기로 부처님께서는 비구가 과위를 증득한 유학有學 재가자에게 공양받는 것을 제한하는 계율을 제정하셨다. 이 외에도 재가자가 예의 없이 승단이나 출가자를 비방할 경우 그로부터는 어떠한 공양도 받지 않겠다는 복발갈마覆鉢羯磨를 한 경우도 있다.

유가계의 재가 보살계 25조에는 "거사나 신도가 출가자보다 앞자리에 앉거나 앞서 걸으면 실의죄失意罪를 범한다. 특별한 일이 있어서 출가자가 재가자에게 먼저 가라고 허용한 경우는 제외된다."라고 했다. 범망경보살계 제38조는 출가보살이 앞에 앉고 재가보살은 뒤에 앉도록 되어 있다. 단순히 보살계본만 보면 차제가 명확하지 않지만 관련된 경전과 고승대덕의 주석서를 통해 이것을 확인할 수 있다. 제40조에 출가자는 국왕이나 부모에게조차 예를 올리거나 절을 하지 않도록 되어 있다. 제47조에는 국왕과 대신이 보살비구의 지위를 정하고 재가불자가 상석에 앉는 등의 행위는 모두 비법으로서 죄를 범한다고 규정하고 있다.

출가자가 재가자에게도 절을 했다는 주장의 근거로 흔히 인용되는 대승경전 『유마경』은 구마라즙의 번역이다. 그런데 당나라 삼장법사인 현장 스님이 번역한 『유마경』인 『설무구칭경說無垢稱經』「성문품聲聞品」에는 다음과 같은 이야기가 나온다.

무구칭[유마] 거사의 병을 아신 부처님께서 성문제자들에게 병문안을 다녀오라고 하자 제자들은 지난날 유마 거사와 관련된 일을 떠올리면서 못 가겠다고 답한다. 13명 성문제자들의 과거 회상은 유마 거사가 아라한인 자신에게 와서 발아래에 예경을 올리는 절을 한 것부터 시작된다. 물론 『유마경』에는 보살과 신학비구가 유마 거사에게 절을 하지만 이것은 삼보 주지의 의궤를 무너뜨리기 위한 것이 아니라 가르침을 위해 잠시 행을 빌려온 방편법이다. 유마 거사가 신학비구의 절을 받은 이유는 삼매력을 이용해서 성문비구로 하여금 과거에 자신이 보리심을 발했던 것을 알고 도에 들어가도록 하기 위해서였고 신학비구는 이로 인해 과위를 증득하고 감사의 뜻으로 절을 한다.

『유마경』을 근거로 출가자로부터 공경의 예를 받으려면 자신의 공덕과 도력이 유마 거사와 동등한 경우에 가능할 것이다. 그렇지도 않으면서 함부로 출가자의 예경을 받는다면 정법을 혼란스럽게 하며, 재가자는 자칫하면 대망어죄를 범하게 된다. 법을 설하는 재가자가 율의를 알지 못하거나 밀교의 상사上師가 진실한 공덕이 없으면서 비구로부터 제자의 예경을 받는다면 그 비구와 재가자 모두 악법을 행하고 법을 멸하는 죄를 얻는다.

부처님 최후의 가르침인 『불설대반니원경佛說大般泥洹經』 권4 「사의품四依品」에 나오는 이야기이다.

가섭이 부처님께 여쭈었다.

"부처님! 말씀하신 대로 스승을 공경 예배하고 공양을 올리는 것이 마땅한 일입니다. 그러나 만약 장로가 경전과 법에 대해서는 알지만 계를 지키지 않고, 반면에 어린 제자는 계행이 청정합니다. 그렇더라도 제자는 장로를 공경하고 예배해야 합니까? 또 재가불자가 경전과 법에 대해서 아주 잘 알기 때문에 출가자가 그에게 배우는 경우 공경하는 예법은 어떻게 해야 합니까?"

부처님께서 가섭에게 대답하셨다.

"출가자는 재가자에게 절을 해서는 안 된다. 복전이 아니기 때문이다. 또 장로의 행위가 복전이 될 경우에 제자는 마땅히 공경하고 예배해야 하지만 계를 범하는 장로에게는 그렇게 하지 말라. 왜인가? 풀이 무성하게 자라도록 두면 나중에 곡식이 자라는 밭을 상하게 만들기 때문이다."

『대승수행보살행문제경요집大乘修行菩薩行門諸經要集』 권3에는 문수사리보살과 성문제자의 이야기가 나온다. 대승의 관점에서 본다면 문수보살은 성문제자보다 깨달음의 이치가 높다고 할 것이다. 그러나 문수보살은 삭발 염의한 비구의 모습이 아니다. 대승경전이니까 당연히 문수보살이 성문제자보다 상위에 놓여 있을까? 두 사람 간의 대화를 살펴보자.

어느 때에 문수사리동자가 가사와 발우를 들고 나서면서 장로 가섭을 부르며 말했다.

"인자仁者께서 먼저 가십시오. 저희들이 뒤를 따르겠습니다. 왜냐하면 장로 수보리가 여래께 출가한 이래로 오랫동안 승가의 법랍과 하랍을 함께 존중하였습니다. 당신은 과거에 '나는 지금 출가하여 세간의 모든 아라한도를 의지하리라.'고 발원하였습니다. 가섭이시여! 인자께서 먼저 가십시오. 저희들이 뒤를 따르겠습니다."

어느 때에 수보리가 문수사리에게 말하였다.

"부처님 법 가운데서는 나이가 많다거나 생년이 앞선다는 이유로 상수를 삼지 않습니다. 이유를 말씀드리겠습니다. 부처님 법에서는 지혜가 높은 이를 상수로 삼습니다. 지혜가 높고 배운 바가 높고 덕행이 높기 때문에 깊고 미묘한 법과 가르침 가운데서 상수로 삼습니다. 문수사리시여! 인자께서는 지혜가 높고, 법과 가르침에 대한 이해가 높고, 위덕이 무한하므로 일체 중생의 선악과 근기와 성품을 두루 관하고 지견이 명료하십니다. 이런 까닭으로 당신께서 가장 존귀하고 뛰어나니 당신이 먼저 가시면 저희들이 뒤를 따르겠습니다."

이것이 바로 부처님 법의 참모습이다. 문수사리보살은 부처님께서 제정하신 '계법'을 제대로 이해하고 있기 때문에 성문제자에게 먼저 앞장서라고 청한다. 아라한과를 증득한 성문제자는 부처님 법의 정신을 이해하기 때문에 지혜가 높은 문수사리보살에게 앞장서라고 청한다. 대보살과 아라한의 경지에 이른 분들도 이러할진대 하물며 범부중생인 우리의 태도는 어떠해야 할까!

발란타의 사후 재산 처리

부처님이 비구의 유산을 가지려는 이들에게 하신 말씀

'가야 할 때가 언제인지 분명히 알고 가는 이의 뒷모습은 얼마나 아름다운가.'라는 시구가 있다. 수행자가 가야 할 때를 분명히 알고 제때 갈 수만 있다면 더없는 행복이다. 제8아뢰야식이 육신을 떠나는 마지막 순간까지 평생 닦아 온 수행 주제를 놓치지 않고 생생하게 깨어 죽음의 바다를 건널 수 있다면 최고의 복일 것이다. 그런데 우리의 진짜 뒷모습은 어쩌면 생을 떠난 후에 남은 자들이 사후를 처리하는 과정에서 드러나지 않을까 하는 생각을 한다.

율장의 많은 규정을 탄생시킨 발란타는 아마도 당시 출가자 가운데 재가자들과 가장 많은 반연을 맺은 비구인 듯하다. 『십송율』 권61에 발란타 비구의 사후에 남겨진 물건들을 처리하는 이야기가 나온다. 그가 소유했던 물건들이 얼마나 많았던지 곳곳에서 분쟁이 일어났다. 지금 이 시대를 사는 출가자에게도 해당되는 사례인 것 같아서 자세히 옮겨 본다.

부처님께서 사위성에 계실 때였다. 발란타 비구가 임종 후에 남긴 가사와 발우 등 물건 값이 30만 양금이나 되었다. 코살라 국왕 파사익이 말했다.

"발란타 비구는 자식이 없으니 그의 물건은 왕인 내게 귀속되어야 한다."

부처님께서 시자를 보내 파사익왕에게 전했다.

"대왕이여! 왕께서는 성읍이나 취락 등을 사람들에게 나눠 주었는데, 그 가운데 조금이라도 발란타의 몫을 나눠 준 적이 있었습니까?"

왕이 대답하였다.

"나눠 주지 않았습니다."

부처님께서 말씀하셨다.

"발란타가 생활을 할 수 있게 힘이 되었던 사람에게 응분의 몫이 있습니다. 발란타가 생활을 할 수 있었던 것은 대중스님들의 힘이었으므로 그간 남긴 물건은 스님들이 가져야 합니다."

왕은 이 좋은 가르침을 듣고는 더 이상 요구하지 않았다.

찰제리들이 말했다.

"발란타 비구는 우리와 같은 찰제리 가문의 자손이니 그의 가사와 발우 등은 우리에게 귀속되어야 합니다."

부처님께서 찰제리에게 시자를 보내 말했다.

"그대들이 국사, 대사, 관사 등을 맡아 처리할 때 발란타에게 자문을 구한 적이 있는가?"

"없습니다."

"발란타가 자리에 없을 때 관의 일을 처리하려고 발란타를 기다린 적이 있었는가?"

"없습니다."

부처님께서 말씀하셨다.

"발란타는 대중스님들과 함께 갈마를 했고, 발란타가 없을 때는 대중스님들이 갈마를 하지 않았소. 그러니 가사와 발우 등은 대중스님들에게 귀속되어야 하오."

모든 찰제리들이 이 좋은 가르침을 듣고는 더 이상 요구하지 않았다.

친족들이 서로 말하였다.

"발란타 비구는 나의 백부, 숙부, 삼촌, 외삼촌이니 발란타가 남긴 가사와 발우 등의 물건은 우리에게 귀속되어야 합니다."

부처님께서 시자를 보내 말했다.

"발란타에게 가사와 음식 등을 제공했던 자가 몫을 가질 수 있다. 그에게 가사와 음식을 제공했던 것은 대중스님들이므로 그가 남긴 가사와 발우 등은 대중에게 귀속되어야 한다."

이 좋은 가르침을 들은 모든 친족들이 더 이상 요구하지 않았다.

발란타는 가사와 발우 등의 물건을 다른 곳에 맡겨 두었는데 물건이 있는 곳과 다른 장소에서 임종하였다. 물건을 맡고 있던 곳의 비구들과 발란타가 사망한 곳의 비구들이 각자 자신들에게 몫이 있다고 주장하였다. 이 일을 부처님께 사뢰니 부처님께서 말씀하셨다.

"발란타의 가사와 발우 등이 있는 장소의 대계大界 안에 있는 현전승가가 나눠 가져야 한다."

발란타는 가사와 발우 등의 물건을 곳곳의 사람들에게 빌려주고 이자를 받았는데 다른 곳에 가서 사망을 했다. 사망한 곳과 물건에 대한 책임을 진 곳이 서로 달랐다. 사후에 물건을 책임지고 있는 곳의 비구들과 사망한 곳의 비구들이 각자 자신들에게 몫이 있다고 주장하였다. 부처님께서 말씀하셨다.

"물건에 대한 책임을 지고 있는 곳의 대계 안에 있는 비구들이 나눠 가져야 한다."

발란타의 가사와 발우 등을 보관하는 곳, 이자를 받는 곳, 사망한 곳이 각각 달랐다. 세 곳의 비구들이 각자 자신들에게 몫이 있다고 주장하자 부처님께서는 답하셨다.

"보관처의 대계 안에 있는 현전비구들이 나눠 가져야 한다."

모라파구나 비구가 사망하였는데 그는 죽기 전에 가사와 발우 등을 아난에게 부쳤다. 모라파구나 비구가 사망한 곳, 아난이 있는 곳, 그리고 물건을 부친 곳이 모두 달랐다. 세 곳의 비구들이 각각 자신들의 몫이라고 주장하였다. 비구들이 어떻게 해야 할지 몰라 부처님께 여쭈니 “아난이 거주하는 곳의 대계 안에 있는 현전비구들이 나눠 가져야 한다.”라고 하셨다.

이상에서 보듯이 출가자가 남긴 물건들은 물건을 보시했던 재가자나 세속적 혈연관계에 귀속되는 것이 아니라 그가 속해서 생활했던 승가의 대중들에게 귀속된다. 그 이유는 시주자가 대중에게 공양한 인연으로 물건을 얻을 수 있었기 때문이다. 따라서 비구가 사망하면 남은 물건들은 당연히 승가에 귀속되어야 한다. 현금이나 고가품 혹은 부동산처럼 값이 많이 나가는 물건[重物]은 시방승[39]에게 귀

---

39 승물은 상주상주승물(常住常住僧物), 시방상주승물(十方常住僧物), 현전현전승물(現前現前僧物), 시방현전승물(十方現前僧物)로 나눈다.
상주상주승물이란, 대중용 식재료를 보관하는 창고, 방사, 꽃이나 과일 나무, 수목, 논밭, 사찰에 소속된 노비나 짐승 등을 말한다. 특정 장소에만 속하고 다른 곳과 나눌 수 없으며 그 성질상 시방의 모든 출가자에게 통하므로 개별적으로 나눠서 쓸 수 없다.
시방상주승물이란, 예를 들면 상주물 가운데 대중스님들이 다 같이 매일 먹는 음식을 말한다. 시방상주승물은 특정 장소와 특정 시간에 시방에서 온 모든 스님들이 먹을 수 있는 것이다. 승가에 공양된 음식은 출가자 누구나 먹을 권리가 있으나 반드시 공양목탁 소리를 듣고 현장에 나타난 사람만 실질적으로 향유할 수 있다. 각 사찰에서 공양목탁을 치는 것은 단순히 밥 먹으러 오라는 뜻이 아니다. 승가에 공양된 음식은 시방승 누구나 먹을 수 있으니 이 소리를 듣는 비구는 누구든지 와서 공양을 하라고 알리는 용도이다. 사찰에서 목탁을 치지 않고 승가의 음식을 먹으면 대중이 승식(僧食)을 훔치는 죄가 된다.
현전현전승물이란, 사찰에 거주하는 현전비구들에게만 분배하도록 보시된 물건을 말한다. 각자에게 나눠 주면 비구의 개인 물건이 된다. 예컨대 시주자가 사찰의 모든 비구에게 골고루 나눠 주기를 희망하고 공양한 물건은 현전현전승물이다. 이 공양물이 분배되기 전에 훔치면 본래 주인의 관점에서 보면 중죄가 되고, 여러 비구에게 골고루 나눠지기 전에 맡아서 관리하는 자가 있었다면 그 관리자의 관점에서 중죄가 된다.
시방현전승물이란, 사망한 출가오중(出家五衆)이 남긴 경물(輕物)을 말한다. 시방승 누구나 분배 받을 수 있으나, 갈마의 장소에 나타난 현전비구들에게만 나눠지므로 시방현전승물이라 한다.

속되고, 가사나 발우, 생활용품, 소비용품 등의 가벼운 물건[輕物]은 현전승에게 배분한다. 시방승에게 귀속된다는 말은 출가자라면 누구나 향유할 수 있도록 사찰의 재산으로 귀속된다는 의미다. 현전승에게 배분된다는 것은 망자의 물건을 나누기 위한 갈마가 이뤄질 때 대계 안에 들어온 비구는 누구든지 균등하게 몫을 가진다는 의미다.

뒷모습

망자의 물건을 나누는 갈마

율장대로 살면 소욕지족 풍토가 가능하다

의덕사에서 임종한 스님이 남긴 물건을 대중이 나눠 가지는 분망인경물分亡人輕物 갈마를 한 적이 있다. 두 번은 함께 생활하던 스님이었고 다른 한 번은 다른 곳에서 지내던 스님이 남긴 물건을 위탁받은 경우였다. 대만도 국가법에 따라 출가자의 사후 재산 처리권은 속가 가족에게 상속된다. 신심 없는 불자라면 사찰에서도 어쩔 수 없지만 첫 번째와 두 번째 갈마는 친인척들이 모두 불법에 대한 믿음을 가지고 있어 사찰과 협의해 망자에게 공덕을 짓는 방향으로 물건들을 원만히 처리하였다. 세 번째는 율문에 등장한 모라파구나 비구와 비슷한 경우로서 토굴에서 지내다가 입적한 비구니스님이 남긴 물건이었다. 죽은 자의 물건을 대중 가운데서 여법하게 처리하여 망자에게 공덕이 되도록 하고 싶다는 동주同住 비구니의 부탁으로 이뤄진 일이었다.

망자가 남긴 현금, 컴퓨터, 휴대폰, 고가품 등은 사찰에 귀속시켰고, 그 외에 모든 물품들은 대중갈마로 현전승에게 나눠 주었다. 예를 들면 경전과 책, 가사, 발우, 승복, 신발, 양말, 심지어 사용하던 속옷은 물론 먹다 남은 건강보조식품이나 약까지 남김없이 모두 정리해서 대계 안에 있는 대중비구니의 숫자만큼 골고루 봉지에 나눠 담고, 대중의 동의하에 사미니나 식차마나 및 행자의 몫도 따로 챙겨 두었다. 운집쇠를 쳐서 대계 안에 있는 비구니대중을 모두 모이게 한 후 갈마를 하고 법랍 순서로 제비뽑기를 해서 해당하는 물건을 배분 받았다. 갈마로 처리하므로 원하지 않아도 반드시 참석해서 자신의 몫을 받아야 한다.

대중갈마를 진행하기 전에 여러 가지 요소들이 고려된다. 간병을 전담한 비구니가 있었는지, 대중이 돌아가면서 간병을 했는지, 망자가 누구에게 어떤 물건을 주겠다고 약속해 놓고는 전해 주지 못한 것은 없는지, 돈을 빌리고 갚지 않았거나 혹은 망자에게 빌린 돈을 갚지 못한 사람은 없는지 등의 변수를 고려한다. 이런 변수에 따라 물건을 처리하는 순서가 달라지기 때문이다.

갈마 준비팀은 망자의 모든 물건을 정리하고 균등하게 나눠야 하므로 며칠에 걸쳐 수고를 했다. 그래서 스님들은 물건이 많을수록 사후에 대중들을 수고스럽게 만든다는 인식이 있다. 꼭 필요한 물건 외에는 선물조차 받지 않으려 하고 가지고 있던 물건도 소용이 닿지 않을 때는 필요한 사람에게 나눠 주는 풍토가 일반화되어 있다. 부처님 당시에는 물자가 귀해 가사나 발우 등이 귀중한 물건이었지만 현재는 망자의 물품을 임의로 배분 받는 것이 사실 부담스러웠다. 하지만 망자에게 마지막으로 대중에게 공덕을 짓는 기회를 주고, 자신의 사후에도 대중들이 이렇게 해 주리라는 믿음이 있기 때문인지 막상 제비뽑기를 할 때는 다들 축제 같은 분위기였다. 그렇게 마지막 의식이 끝나면 망자가 남긴 유한한 흔적들은 사라지고 함께했던 추억만 저마다의 가슴에 남는다.

출가자든 재가자든 재산이 조금이라도 있다면 죽기 전에 의지대로 필요한 곳에 나눠 주는 것이 가장 안전하고 깨끗한 방법이다. 그러나 인간은 자신의 죽음을 먼 일로 생각하기 때문에 대다수가 그렇게 하지 못하다가 어느 날 갑자기 죽음을 맞으면 재산이 많든 적든 살아 있는 자들 간에는 혼란과 다툼이 일기 마련이다. 부모와 형제자매들이 불법에 대한 신심이 있고 인과법을 안다면 순리적으로 풀 수 있지만 그게 쉽지가 않다. 따라서 출가자는 살아 있을 때 잘 나눠 주든지 유언으로 미리 정리해 둬야 뒷일이 복잡하지 않다.

공찰이 아닌 개인 사찰의 주지가 갑자기 사망하자 재산상속권을 가진 속가 친인척이 절을 팔아 버려서 제자들이 쫓겨나는 일도 실제로 있었다고 한다. 드러나지 않아서 그렇지 출가자의 죽음 이후 아름답지 못한 뒷모습이 발견되는 경우도 꽤 있을 것이다.

출가자에게는 물건이나 재산에 대한 소유권이 없다. 육신이 살아 있는 동안 잠시 빌려 쓸 수 있는 사용권만 있을 뿐이다. 그 사용권조차 자신의 안락을 위해서가 아니라 불법승 삼보를 위하고 중생에게 이익되게 써야 한다. 부처님께서는 삼보정재를 시주자의 의도에 반해 불법승 간에 호용하는 것조차 엄격히 제한하셨다. 삼보에 공양한 물건을 함부로 사용하는 것에 대한 인과의 두려움을 간직하고, 삼보정재를 후세대에게 잘 전해 주는 마지막 의무를 최선을 다해서 해야 한다.

나의 마지막 뒷모습은 얼마나 아름다울 수 있을까?

남·북방 불교의 계율관 차이

상좌부 율은 행위 위주로, 북방불교의 율은 생각부터 규제

어느 분이 물었다.

"스님! 남방에 가 보니까 비구스님들이 담배를 피우고 문신도 하데요. 남방의 스님들은 탁발을 하는데 왜 우리나라 스님들은 탁발을 안 해요? 남방은 육식을 하는데 우리는 왜 육식을 하면 안 되나요?"

요즈음 이런 이야기를 가끔 들을 수 있고, 심지어 스님들조차도 상좌부나 티베트의 계율을 언급하면서 출가자의 생활을 평가하는 경우를 페이스북에서 보았기에 별로 놀랍지는 않다. 그러나 막상 이런 질문을 받으니 어떻게 답해야 할까 고민스러웠다. 조금 어렵더라도 율장이 중국에 전래된 상황과 사분율장이 여타의 율장과 다른 점 등을 살펴봐야 위의 질문에 대한 답을 찾을 수 있을 것 같다.

율장은 부처님 당시의 생활상을 가장 실질적으로 담고 있을 뿐만 아니라 다양한 사상 혹은 문화적 배경이 녹아 있으므로 연구 차원에서 학자들의 흥미와 관심을 끌 요소가 많다. 그러나 승가와 수행

자에게 율장은 곧 생활이며 수행과 관계되므로 실행의 측면에서 접근되어야 하기에 율장 연구는 정밀한 작업이 필요하다. 우선 율장을 대할 때 주의해야 할 세 가지 관점을 제시하고자 한다.

첫째는 수행이라는 관점이다.

모든 율장의 궁극적 목적은 개인과 집단으로 하여금 번뇌를 여의고 해탈을 이루게 하는 것이다. 출가자가 율장을 알아야 하는 이유는 출가의 목적을 달성할 수 있는 기본이 들어 있기 때문이다. 그런데 율장은 실체를 제대로 파악하기 어려운 부분이 많다. 특히 작지作持 부분을 이야기할 때 더욱 그렇다. 생활에서 대중이 함께 갈마나 포살 등을 하지 않으면 아무리 책을 자세히 읽어도 그것이 주는 효용을 이해할 수 없다. 이해되는 것 같다가도 사실은 이해가 안 된다. 율장의 효용성이 바로 여기서 모습을 드러낸다. 실제생활에서 적용하지 않는다면 율장이 얼마나 합리적이고 이상적인 승가의 윤리체계이며 수행자 개개인에게 꼭 필요한 친절한 수행가이드인지 알 수 없다.

둘째는 소의율장의 문제이다.

앞의 글에서 언급했듯이 어느 율장에 의거해서 비구계를 받았는가는 수계 이후 신구의 삼업을 지켜 가는 기준을 결정한다. 사분율장에 의거해서 비구가 된 이들은 사분율 갈마에 의해 계체가 형성되었으므로 사분율에 의거하여 계행을 닦아야 하고, 빨리율에 의거해서 비구가 된 이는 빨리율을, 근본설일체유부율로 계를 받은 이는 근본설일체유부율을 소의로 삼아 계행을 점검해야 한다. 현대사회의 복잡성을 섭수하기 위해 어느 하나의 율장에서 결여된 부분을 보충하고 서로 간의 장점을 취하고 배우는 행위는 찬탄해야 할 일이지만, 사분율장을 소의로 하는 이를 빨리율의 잣대로 비판하거나 혹은 빨리율을 소의로 하는 이를 사분율의 잣대로 비판하는 것은 수행의 관점에서 보면 번뇌를 더할 뿐 해탈열반으로 나아가는 데 아무 도움이 안 된다.

셋째는 역사성의 문제이다.

계율은 문자로 전래되었지만 그것을 적용하는 삶의 현장은 지극히 역동적이다. 따라서 계율을 이해하기 위해서는 승단에서 계율을 어떤 관점에서 접근하고 해석해 왔는지 역사성을 살펴야 한다. 처음부터 지금까지 오로지 하나의 계율만 적용해 온 상좌부불교나 티베트불교와 달리 중국에서는 한꺼번에 네 가지 율이 동시에 번역되어 서로 비교 평가되는 혼란한 과정을 거쳐 정리되었다는 점은 매우 특징적인 요소이므로 그 역사성을 고려해야 한다.

현대사회는 교통통신의 발달로 인해 서로 다른 불교전통 간의 교류도 잦고, 다른 전통의 불교를 찾아 수행하는 불자들도 많다. 그래서 자신이 속한 불교전통의 소의율장뿐만 아니라 현재 통용되고 있는 모든 불교국가의 율장을 접하기가 쉬워졌다. 이것은 중국에서 한꺼번에 율장이 번역되고 통용되면서 각 율장에서 규정하고 있는 지범개차나 완급경중緩急輕重의 차이로 혼란을 겪었던 상황과 상당히 비슷한 맥락으로 파악할 수 있다.

이렇다 보니 율장이 형성되고 분파가 이뤄진 복잡한 배경과 각 율장이 지닌 특징을 잘 모르면서 자신의 제한된 경험과 편협한 사고방식으로 승단을 비방하는 일이 쉽게 발생한다. 이러한 일은 안타깝게도 일부의 출가자들에게서도 발견된다. 출가자가 자신이 속한 불교 전통의 계율관과 특성에 대한 이해가 부족하면 다른 율장의 계율관에 의지한 일방적 비판에 자신의 가치관이 흔들리기도 한다. 또 누군가의 질문에 올바르게 대응하지 못함으로써 비방하는 자나 비방당하는 자 모두 불선不善한 업을 짓는다.

상좌부불교의 빨리율은 신업과 구업으로 행위가 밖으로 드러날 때에 비로소 규제의 대상이 된다. 따라서 계문에서 언급하고 있는 내용은 준수하되, 계문에서 언급하고 있지 않는 행위에 대해서는 원칙적으로 제한할 방법이 없다.[40] 물론 상좌부불교에서도 법답게 수행하는 이들은 그렇지 않겠지만 어떤 이들은 계문에 술을 먹지 말라는 조항은 있지만 담배를 피우지 말라는 조항은 없으므로 흡연은 규제대상이 아니라는 입장에서 담배나 빈랑을 사용하고 문신을 하기도 한다. 심지어 신도들이 스님들에게 담배를 권하기도 한다.[41]

---

40 상좌부불교에서는 계목에 금하는 조항이 없으면 아무 문제가 안 된다는 주장은 오해가 있을 수 있다.『청정도론』에서 계율을 네 가지로 해석하는데 ① 계목의 단속에 관한 계, ② 감각기능의 단속에 관한 계, ③ 생계청정에 관한 계, ④ 필수품에 관한 계이다. 진정성 있는 수행자라면 ②~④를 모두 다스리고 단속하기 때문이다.

41 깜맛사까 스님,「한국과 테라와다불교의 계율 해석」, 불교평론 53호(2013.3), "현재 미얀마

탁발이 부처님 재세 시의 전통이고 상좌부불교에서는 계속 유지되어 오고 있지만[42] 부처님께서 살아 계실 때 승단의 규모가 커지고 제도화되면서 이미 음식을 저장하고 보관하는 것을 인정하셨다.『사분율』에는 정지淨地를 두어 음식 보관을 허용하는 명문규정이 있다. 그러나 음식을 저장하고 보관함으로 인해 발생하는 문제를 줄이기 위해 다양한 정법淨法 장치들이 시설되었다. 따라서 도선 율사는 북방불교가 문화적 · 기후적 이유로 탁발을 하지 않게 되었지만 음식에 대한 탐심을 경계하고 탁발정신이 흐려지지 않도록 여러 율장을 연구하여 음식과 관련된 다양한 정법淨法을 세밀하게 활용할 수 있도록 하였다. 또한 불성 사상과 보살 사상 및 생명 있는 모든 것들에 대한 자비심 실천을 중시하는 대승 사상과『열반경』을 근거로 육식을 폐지하였다.

사원에서도 4명 이상의 승가가 구성되었음에도 우뽀사타날 빠띠목카(비구 계목)를 암송하지 않는 곳도 많으며, 혹은 암송하더라도 전부가 아닌 앞부분만 암송하는 경우도 많다. 또한 많은 비구들이 중한 범계인 빠라지까와 상가디세사 이외의 계목은 사소한 계이기에 어겨도 괜찮다고 생각하기도 하며 매일 습관적으로 참회하는 것으로 대체하기도 하는 것이 현실이다. 오후불식의 경우 한국처럼 저녁 식사를 하지는 않지만 우유나 특정 과일 등을 원기회복을 위한 약의 개념으로 확장 해석하여 섭취하는 것을 허용하는 사원이 생겨났다. 돈에 대해서도 대다수 사찰에서, 특히 빠리야띠(경전 공부) 사찰에서는 책을 계속 구해야 하는 등의 이유로 돈을 보시 받아 저축하기도 한다. 심지어는 노상 카페 등에서 차와 음식을 돈을 주고 사 먹고 담배를 피우며 한담을 즐기는 출가자(비구 계목이 많아 지키기 어렵다고 생각하여 비구가 되지 않고 사미로 사는 출가자도 상당수 있다.)의 모습도 자주 보게 된다."

42 위에서 언급한 깜맛사까 스님의 논문「한국과 테라와다불교의 계율 해석」에는 상좌부불교와 북방불교의 계율관이 얼마나 다른지 잘 보여 준다.

이상에서 살펴본 바와 같이 남전과 북전의 계율관은 진화 과정의 차이가 있을 뿐 옳고 그름을 비교할 수 있는 것이 아니다. 정견을 가진 수행자라면 신구의 삼업을 청정하게 다스리는 실천 방편으로 자신이 속한 불교전통의 계율적 특징을 파악하고, 그에 따라 정진하는 일이 중요하다. 반면 어느 율장에서는 이렇고 저렇고 등 많이 알아 자신을 다스리지 않고 상대를 비난하는 것은 아상만 높일 뿐 수행과는 하등 관계가 없다. 출가자라면 일상생활에서 자신의 행위를 잘 관찰하여 오염을 걷어 내고 청정한 행으로 나아가기 위해 노력해야 한다. 청정과 오염을 관찰하는 1차 기준이 율장이므로 자신이 속한 불교전통의 율장을 잘 이해하고 실천해야 한다.

율장의 중국 전래와 사분율 수계

중국불교 초기에는 율장이 많아 혼란을 겪었다

상좌부불교나 티베트불교가 처음부터 단 하나의 율장만 인정하고 적용한 것과 달리 중국은 불교가 전래되고 수계제도가 확립되는 과정에서 독특한 상황을 겪어야 했다. A.D. 67년에 불교가 중국으로 전래된 이후 최초의 수계는 삼귀의로 시작하여 우바새와 우바이는 오계를 받고 출가자는 사미십계만 받았다. 그 후 3세기 중반 담마가라曇摩迦羅가 낙양에 와서 중국 최초로 삼사칠증에 의한 여법한 수계형식을 시작하면서 수계제도가 서서히 완비되었다. 수계를 위해서는 갈마의식을 담고 있는 갈마문과 구족계의 내용을 담은 계본이 필수였다. 이때 갈마는 법장부의 〈담무덕갈마〉를 쓰고, 계본은 대중부의 〈승기계본〉을 사용하였다. 여기서 한 가지 중요한 점은 계본과 갈마문의 소속 부파가 다르다는 사실이다. 당시 부파와 율장의 관계를 정확히 인식하지 못했던 중국에서는 별문제가 아니었으나 광율이 번역되고 난 후에는 문제가 달라졌다.

5호16국(五胡十六國, 304~439) 시대 초기에 세력이 강했던 요진(姚秦, 384~417)에 이르러 율장의 번역이 본격적으로 시작되었다. 요진에서 구마라즙에 의해 『십송율』이 먼저 번역되고(404~406), 불타야사와 축불념에 의해 『사분율』(410~412), 남조의 동진東晉에서 『승기율』(416~418), 유송劉宋에서 『오분율』(423~424)이 번역됨으로써 약 20년 이내에 4대 광율이 모두 번역 · 유통되었다. 관중지방에서는 『승기율』이 먼저 유행하였고 강남지방은 구마라즙의 영향으로 『십송율』이 성행하였으며 『사분율』의 영향은 대체적으로 미미하였다. 서로 다른 부파를 배경으로 하는 광율이 특별한 조건 없이 동시에 사용되는 이러한 상황은 중국에서만 발생했던 특이한 현상이다. 남방의 빨리율이나 티베트의 근본설일체유부율처럼 승단의 생활 토대가 되는 기준이 하나뿐이면 상충을 고민할 필요가 없는데, 기준이 여러 개이고 동일 사안에 대한 범불범犯不犯 혹은 경중輕重을 다르게 판단하는 일이 생기니 혼란스러울 수밖에 없었다.

이러한 상황에서 북위北魏 효문제孝文帝 때 법총 율사(468~559)가 오대산 북대에서 처음으로 사분율을 강설하였다. 그는 원래 승기율을 연구했는데 혼란을 해결할 방법을 찾던 중 구족계 수계를 할 때 어떤 갈마법으로 계체를 받았는지에 주목한다. 중국의 수계는 담무덕 갈마법에 의해 비구 자격을 부여받았으므로 수계 이후 계행[隨行] 점검의 기준도 사분율에 의하는 것이 바람직하다고 판단하고 사분율을 선양하였다. 뒤를 이은 여러 제자들이 사분율을 더 깊이 해석하

고 선양하면서[43] 중국대륙의 계율 풍토는 점차 사분율 편향으로 정리되었다.[44]

수나라 말기의 지수 율사를 거쳐 당나라 도선 율사(596~667)에 이르러 남산율종이 확립된다. 도선 율사는 사분율이 비록 소승의 성문계율이긴 하지만 부분적으로 대승과 통하는 분통대승分通大乘의 사상이 있다고 파악했다. 당시 중국은 대승불교가 강한 세력으로 유입되던 때였으므로 분통대승의 해석은 사분율이 소승계율이라며 소홀히 하는 일각의 논쟁을 한꺼번에 제거했다. 이러한 탁월한 견해로 인해 남산율종이 대세가 되고, 사분율을 성문의 소승율로만 접근하던 동탑종과 상부종은 세력이 점차 약해졌다.[45] 남산율종은 대소승을 통섭하는 사상체계를 가지고 있었기 때문에 단순히 하나의 종파로서 역할을 한 것이 아니라 화엄종, 법상종, 천태종, 정토종 등 중국불교 전반에 광범위한 영향을 미쳤다.

사분율에 의거한 수계와 관련하여 또 하나의 주목할 만한 사건이

---

43 법총의 뒤를 이어 도복(道覆) - 혜광(慧光)으로 전승되고 혜광의 문하에 홍리(洪理), 담은(曇隱), 도락(道樂), 도운(道雲), 도휘(道暉), 법원(法願) 등이 각각『사분율』에 대한 주석서를 썼다. 그 외에 홍준(洪遵, 처음에는 도운에게 배우고 나중에는 도휘로부터 배웠고 승통이 되었음)과 홍연(洪淵, 홍준으로부터 배움)도 주석서를 썼으며 홍연의 제자인 법려(法礪)도 주석서를 썼다. 도운(道雲)의 뒤를 이어 도홍(道洪) - 지수(智首) - 도선(道宣)으로 이어진다. 도선 율사의 상수제자 가운데는 신라의 지인(智仁) 스님이 있다.

44 妙因法師,『律學』, 天華出版公司, 1986년, 30쪽 : 당 중종(684~709)에 이르러 남방에서 십송율의 사용을 금지하라는 칙령을 내리자 이때부터 중국대륙은 사분율로 통일되었다.

45 상부종(相部宗)은『사분율소』의 저자 법려(法礪)가 개조이고, 동탑종(東塔宗)은『사분율개종기』의 저자 회소(懷素)가 시조이다. 이 두 종파의 계율 해석은 소승율의 관점을 견지했다.

비구니의 이부승수계[46]이다. 구나발마와 승가발마의 노력으로 유송劉宋 문제文帝 원가元嘉 10년(433) 중국에서 최초로 비구니 이부승수계가 거행되었다. 그때 비구니 삼사칠증은 두 차례에 걸쳐 스리랑카에서 온 비구니 11명이었다. 그 비구니들이 어느 율장을 수지했는지 정확한 기록은 없지만 목숨을 걸고 먼 이국까지 와서 법을 전하려고 한 전법 의지로 보면 대중부에서 왔을 가능성이 높다고 추측한다. 분명한 것은 그들이 중국어를 배워서 사분율갈마법에 의거하여 이부승수계를 했다는 사실이다.

중국불교가 겪었던 경험을 통해 얻게 되는 값진 교훈은 오늘날 승가가 처하게 되는 현대사회의 복잡한 문제들을 '계율적으로 어떻게 접근하고 해결할 수 있는가.'에 대한 적절한 해법을 제공한다는 점이다.

승가의 입장에서 볼 때 율장은 단순히 문헌이 아니라 승단을 건강하고 살아 숨 쉬게 만드는 생명의 원천이다. 각 나라 불교가 오랜 역사 속에서 부처님의 가르침을 유지하면서 현재까지 이어 온 것은 승단의 생성과 운영에 내재된 율장의 역할 때문이다. 율장이 승가에서 적용되고 실천된다는 것은 승단이 활동무대로 삼은 지역의 독특하고 다양한 특성을 반영한 살아 있는 활동이 있었고 그 생명력이 단절되지 않고 지속되어 왔다는 의미이다. 중국을 통해 우리나라에 전

46 비구니가 구족계를 받기 위해서는 비구 삼사칠증과 비구니 삼사칠증이 필요하다.

래된 사분율장은 북방지역이 가지는 기후 · 사회 · 문화적 특성을 반영한 맞춤형이다. 이에 대한 충분한 관심과 이해를 바탕으로 한 실천방법이 연구되고 적용되지 않는다면 상좌부불교와 북방불교의 차이를 고려하지 않은 상태에서 제기되는 번지수 틀린 비난은 계속될 것이다. 아울러 승가는 정법 유지자로서 역할을 이행하기 어렵고 교단은 점점 쇠약해질 위험이 있다. 이제부터라도 특히 초학자들은 자신의 출가를 가능하게 만든 사분율장을 더 많이 공부하고 깊이 있게 이해하기를 희망해 본다.

남산율종의 특징

율과 대승정신 회통으로 북방 계율전통 정착

하나의 율장만을 소의율장으로 하는 다른 불교전통과 달리 중국과 한국 등 북방불교가 지녀 온 계율전통을 이해하려면 출가자가 성문계인 비구계를 받은 후 모든 생명에 대한 자비심과 보리심의 실천을 중요시하는 대승보살계를 함께 받는다는 점과 남산율종이 지닌 계율 해석과 수지의 통합성을 이해해야 한다. 도선 율사에 의해 정립된 남산율종의 계율 사상이 지닌 특징을 이해하지 않고는 2천 년 이상의 간극을 뛰어넘어 현재 승가 구성원의 삶 속에서 부처님께서 계율을 제정하신 열 가지 의미를 지혜롭게 구현해 내기가 쉽지 않아 보인다.

도선 율사는 부처님의 가르침을 계율의 관점에서 2교 3종으로 교판하였다. 계율은 삼장에서 모두 다뤄지고 있는데 그중 경장과 논장을 위주로 하는 화교化教와 율장을 위주로 하는 제교制教로 구분하였다. 수계를 통해 받아들이는 무작계체無作戒體의 성질에 따라 실법종

實法宗, 가명종假名宗, 원교종圓教宗의 삼종으로 나누었다. 계율을 범했는지 여부를 판단하는 기준으로 간략히 설명하면, 신업과 구업의 색법色法으로 표현되어야 범계가 이뤄진다는 것이 실법종이고, 범하고자 하는 동일한 마음이 두 번째에도 계속 일어나면 비로소 범계가 시작되는 것은 가명종, 한 마음 움직이면 곧바로 범계의 시작이 이뤄진다는 입장은 원교종의 해석이다.

도선 율사는 가명종의 사분율을 수지하되 그 지향점은 원교종으로 삼았다. 색법 중심으로 지범을 판단하는 다른 성문율과 달리 사분율에서는 마음 작용을 지계와 범계의 판단요소로 고려하고 있기 때문에 사홍서원의 큰 보리심을 발하고 계를 받으면 대승보살의 계체가 성립되어 제8아뢰야식에 선종자善種子로 보관된다고 보았다.

남산율종은 사분율을 위주로 하되 사분율에서 해결되지 않은 부분이나 명확하지 않은 부분은 타부의 율이나 경론을 차용한다. 자신의 소의율장에 규정이 없으면, 타 부의 율에서 유사한 사건이나 뜻을 가진 관련조항을 찾아서 준용하고, 율장에서도 찾을 수 없다면 율장의 주석서를 참고하며, 그다음에는 다른 경장과 논장 등에서 계율 관련 조항들을 찾아서 보충한다. 이로 인해 중국의 계율전통은 『사분율』, 『십송율』, 『오분율』, 『승기율』 등 광율뿐만 아니라 『비니모론』, 『선견율비바사론』, 『살바다론』 등 다양한 주석서까지도 근거로 하여 승가의 일을 처리하는 통합적 접근을 하게 되었다. 이러한 계율전통은 1980년 이후 대만불교에서 고스란히 되살아났다. 율종 중심의 수행 도량들은 현대사회의 다원화 앞에서 율장과 대승계율이 어떤 원칙하에 어떤 방향으로 시대와 상호작용하면서 승가의 가치를 구현할 수 있는지 끊임없이 모색해 왔고 승가 전체의 지계정신을 향상시키는 데 기여해 왔다.

사회가 복잡해질수록 승단이 당면하는 문제들도 복잡해진다. 율장에서 언급하지 않은 사건이나 사안이 발생했을 때, 소의율장 하나만을 기준으로 삼는다면 현대사회에서 새로이 발생하는 문제의 해결은 근본적으로 불가능하다. 빨리율장을 소의로 하는 남전불교나 근본설일체유부율을 소의로 하는 티베트불교는 지금도 율장에서 규정하고 있지 않은 수많은 문제들을 누가 어떻게 해석하고 지범개차를 판단할 수 있는가 하는 것과 설령 누군가 판단한다 해도 그 판단의 근거와 권위를 어떻게 인정할 것인가의 문제가 여전히 남는다.[47]

북방의 출가자들은 율장에서 언급되거나 규정되지 않은 복잡한 상황과 문제를 마주하더라도 부처님께서 계율을 제정하신 근본 목적을 중심에 두고 대처해야 한다. 덕분에 율장 연구가들이 익혀야 할 내용이 많아진 어려움은 있지만 복잡한 현대사회에서 승단의 계율이 어떤 방향으로 가야 하는지를 판단하는 다양한 근거들을 찾을 수 있다는 점과 부처님 당시나 그 후대의 불교 역사나 승단생활에 대해 폭넓은 이해가 가능하다는 장점이 있다. 이러한 율장 연구 방

---

47 상좌부와 티베트의 비구니승단 부활의 문제가 대표적인 예이다.

식은 현대 계율학이 추구하는 학문적 방향과도 부합한다.

이런 모든 논의에도 불구하고 중요한 것은 개인과 승단의 번뇌를 없애고, 아집과 법집을 줄이며, 해탈열반을 이루고, 중생에게 이익을 주는 방향으로, 승단의 청정과 화합을 통해 정법을 이어 갈 수 있는 방식으로 율장 연구와 수행이 병행되어야 한다는 점이다. 선배들이 지켜 온 소중한 수행 전통이 튼튼한 뿌리를 내려 건강하게 전승되고, 수행자들이 스스로도 만족할 만한 결과를 성취하고, 진정한 요익중생과 보리심의 실천이 가능하려면 율장에 담긴 계율정신의 이해와 실천을 담보하는 일에 출가자들이 적극적으로 앞장서야 한다. 이것은 누구도 대신해 줄 수 없는 출가자의 몫이자 의무이다.

도선 율사의 계체론

방비지악의 공능인 계체의 성질에 따른 지범의 차이

계의 본질은 계체戒體이다. 어떤 계이든 간에 수계의식을 통해 계를 받고 나면 그것을 받은 사람이 악을 그치고 선을 행하도록 만드는 일종의 보이지 않는 공능이 생기는데 이것을 계체라고 한다.

계를 받으려면 신업을 일으켜 절을 하고, 구업을 일으켜 계사를 청하고, 의업을 일으켜 계법 받는 것을 기뻐해야 한다. 이렇게 삼업이 움직여서 작동하는 것을 작계체作戒體라 한다. 수계식이 완성됨으로써 작계가 완료되고 나면 신업이나 구업의 조작을 더 이상 가하지 않고도 장시간 상속되면서 방비지악의 역할을 수행하는 것을 무작계체無作戒體라 한다. 도선 율사는 각 부파에서 계체의 성질을 어떻게 보는가에 따라 실법종實法宗, 가명종假名宗, 원교종圓教宗의 삼종으로 구분한다. 이하는 도선 율사의 『행사초』와 『사분율갈마소』를 중심으로 삼종의 계체론이 가진 차이점을 설명하고 그것이 지범의 판단에 어떻게 작용하는지 살펴본 것이다.

실법종은 아공我空은 인정하지만 제법諸法의 실유實有를 주장하므로 유종有宗이라 부르는데 십송율과 승기율이 해당한다. 이들은 『구사론』, 『잡아비담심론』, 『살바다론』을 의지하여 작계체와 무작계체를 세운다. 실법종은 작계체와 무작계체를 모두 색법色法에 귀속시킨다. 작계체에 속하는 색법은 계를 받기 위해 몸과 입으로 나타내는 선색善色과 선성善聲 두 가지를 말하고, 무작계체는 과거무작가색이라고 한다. 수계가 완료된 직후 계체를 얻게 되면 자연히 일종의 역량이 생겨서 계행이 일어나고 경계에 대해서 어기거나 범하지 않게 된다. 실법종의 주장에 따르면 이 계행[隨行]은 신업 세 가지와 구업 네 가지만 방비하고 보호한다. 왜냐하면 신업과 구업의 일곱 가지가 색법을 움직여서 조작해야 비로소 범계의 원방편죄遠方便罪가 구성될 수 있기 때문이다. 따라서 실법종은 완전히 소승[48]에 속하는 당분當分소승교이다.

가명종은 무아를 말하고, 일체의 제법 또한 이름을 빌려서 시설된 것이므로 실법은 없다고 주장한다. 심신오온이 모두 무아일 뿐만 아니라 심신오온이라는 용어조차 가명假名이고 가상假相이다. 그래서 가명종이라 하고 공종空宗이라고도 한다. 사분율을 전승한 담무덕부가 이에 속하고 『성실론』에 의거하여 계체이론을 정립하였다. 가명

48 본서는 소승이라는 표현을 가급적 피하였지만 원전에 의거하여 설명할 때는 불가피하게 그대로 사용하였다.

종에 따르면 작계체는 색과 심을 체로 삼는다. 신업과 구업은 색법이고 단지 의보依報일 뿐이며 마음이 정인正因이다. 수계를 위해 절을 하고 계사를 청하는 등의 행위는 계를 받도록 도와주는 중요한 조연助緣이지만 계를 받겠다는 일념을 일으켜야 하므로 실질적인 주체는 의업이다. 따라서 가명종은 신 · 구 · 의[思心所]로 작계체를 삼는다.

가명종은 부분적으로 대승과 통한다. 업業이 마음을 따라서 일어나기 때문이다. 예를 들어 『사분율』에 "죽이려는 마음이 전혀 없이 사람을 죽였다면 범한 것으로 보지 않고 일체에 음욕심이 없었으면 계체를 범하지 않는다."라고 하였다. 무심범계無心犯戒가 범함이 성립되지 않는데 무심수계無心受戒로 어떻게 계체를 얻을 수 있겠는가. 이로써 증명하듯이 작계체는 색과 심 두 가지가 모두 작용하여 성립된다.

가명종의 무작계체는 유식의 불상응행법에 해당하는 비색비심非色非心을 체體로 삼는다. 무작계체는 형질이 없으므로 색과 상응하지 않고 심법이 가지는 여러 가지 특징을 지니지 않으므로 심법도 아니다. 그래서 가명종에서 무작계체는 반드시 색법과 심법의 조작을 빌릴 필요가 없고 임운생기任運生起할 수 있다. 그러므로 계체를 따라서 일어나는 계행은 대승의 계법과 서로 통하고 신 · 구 · 의 삼업으로 조작하는 열 가지 선악업에 다 통한다.

가명종은 제일념第一念에 계를 범하고 싶은 생각을 낸 후 제이념第二念에 앞에 일으켰던 계를 범하고 싶은 그 생각을 다시 일으키면 죄를 범하는 길에 들어서는[重緣思覺即入犯科] 원방편죄가 성립한다. 표면적으로 드러난 행위뿐만 아니라 밖으로 드러나지 않는 두 번째의 마음부터 죄가 시작되므로, 신업과 구업으로 드러나기 시작해야 비로소 범계가 시작되는 유부의 실법종과 다르고 계를 파하려는 한 생각만 일으키면 바로 범계의 범위에 들어가는 대승보살계와도 다르다. 그래서 가명종은 소승교를 벗어나 의리상 대승으로 부분적으로 통하는 과분過分소승교라고 부른다.

다음은 원교종이다. 도선 율사가 말하는 원교종은 천태종이나 현수종에서 말하는 원교가 부처님의 일대시교를 통섭하는 것과 다른 의미로서 단지 계체에 대해서 이야기한다. 원교종은 계율을 잘 지켜서 상주진심常主眞心을 지키도록 부촉한 『열반경』과 삼승의 방편을 열어 일불승의 진리를 드러낸 회삼귀일 사상을 통해 권교보살과 연각성문 등 삼승의 성인들이 모두 일불一佛의 진승眞乘에 들어가는 『법화경』을 근거로 한다.

원교종의 작계체는 색법과 심법을 체로 삼는다. 계를 받기 위해 입으로 계사를 청하고 몸으로 절을 하니 색법에 속하고, 의업으로는 계 받기를 간절히 바라고 십법계의 의보依報와 정보正報를 반연하여 보리심을 발하기 때문에 심법에 속한다. 원교종의 무작계체는 아뢰야식에 함장 훈습된 선종자善種子를 체體로 삼는다. 수계할 때 삼사칠증이 백사갈마를 하는 것은 부처님의 권교방편이며 제8식의 마음밭에 무루무위의 선종자를 불러일으키는 것이다. 선종자는 훈습을 일으키는 능훈습能熏習에 속하고 허망분별심은 훈습되는 대상인 소훈습所熏習이다. 선종자인 계체가 허망분별심을 잠복시켜서 일어나지 않게 하는데 이런 현상을 번뇌를 조복시킨다고 한다. 한 발 더 나아가 아예 없애 버리면 번뇌를 끊어 버린다. 그러므로 계를 지킴으로써 망상심을 잠복시키고 삼업이 악업을 짓지 않도록 계속 단속시켜서 나중에는 정심定心이 일어난다. 그러나 계를 받고 나서 일념으로 부지런히 계체를 지키지 않으면 미세한 망심의 작용이 다시 일어나 제8식의 망妄 종자를 훈습하여 망심의 세력은 더욱 깊고 무거워진다.

실법종과 가명종은 모두 소승교에 속하고 원교종은 대승교에 속한다. 현재 소승교의 교법에 의지하여 대승교를 바라보면 도저히 이해할 수 없는 교리가 발생한다. 만약 대승교의 의리로 보면 수행자가 우선 대승의 의리를 받아들이도록 기다린 후에 소승교를 수행할 필요가 없다. 소승교법은 본래 대승교의 기초가 되기 때문이다. 이것이 원돈의 뜻이다. 색법에 치중하는 실법종은 유有에 집착하는 것이고, 비색비심을 주장하는 가명종은 공空에 집착하고 있으므로 계체의 견해가 편향되어 있다.

원교종은 이러한 것들을 권교방편으로 시설된 것으로 보고 명칭은 다소 달라도 계체가 가리키는 실체는 같다고 이해한다. 이것은 원융의 뜻이다. 앞의 두 종은『법화경』의 회삼귀일에 이르러서 비로소 여래의 일대교법이 중생 근기 따라 만들어진 방편이고 권교에 따라 시설된 것임을 알게 된다. 즉 원교종이 말하는 실교實教의 궁극적 의리는 계체의 진짜 뜻을 드러내는 것이다. 이것은 원만의 뜻이다.

도선 율사의 사상은 사분율에 의해 수계해도 그 가르침에는 대승으로 통하는 분통대승의 의미가 있기 때문에 궁극에는 원교종으로 나아갈 수 있다는 것이다. 따라서 수계할 때 수계자가 어떤 마음과 원력으로 계를 받느냐에 따라 계체의 공능이 달라진다고 본다. "시방법계의 모든 중생을 대상으로 모든 악을 반드시 끊겠습니다. 모든 선을 반드시 행하겠습니다. 일체 중생을 제도하겠습니다."라는 대승의 서원을 발하면 원교종의 대승계체를 받아들여 아뢰야식에 본래 있던 청정심을 훈습한다. 수계 이후에는 받은 계체를 잘 지키려는 끊임없는 자각과 노력이 계행으로 나타나고[現行], 그 결과가 다시 선종자를 훈습하는 과정을 통해 삼취정계를 원만히 닦게 된다.

수행자는 항상 정선계행淨善戒行을 사유해야 한다. 정선계행은 백사갈마를 통해 받은 성문계로서 곧 섭율의계이다. 율의로 일체 악업을 금지하고 유루의 업을 그쳐서 번뇌를 제거할 수 있으면 구경에 이르러 법신불이 된다. 이것은 단지 섭율의계에만 속하는 것이 아니라 섭선법계에도 속한다. 섭선법계는 문혜聞慧·사혜思慧·수혜修慧를 증장시키는 것으로서 지혜를 통해 얻는 구경의 과실이 보신불이다. 정선계행을 바탕으로 일체의 선법을 닦아 익힐 수 있으므로 어리석음의 장애를 깨뜨리고 이것이 인因이 되어 보신불의 과果를 성취한다. 또한 정선계행은 섭중생계의 바탕이기도 하다. 왜냐하면 수행자는 신구의 삼업을 여법하게 사용해서 광도중생해야 한다는 것을 잘 알아 일체 중생을 제도할 수 있기 때문이다. 중생을 제도하려면 사홍서원, 자비희사의 사평등심, 사섭행 등 보살이 꼭 실천해야 하는 수행법을 평등하게 닦아야 하는데 이것은 곧 응화신과 동등한 것이다.

즉 수계를 통해 아뢰야식에 저장된 선법종자의 계체가 현행하여 청정한 계행을 일으키고, 계행이 다시 제8식의 선종자를 훈습하는 정법연기淨法緣起의 순환을 통해 인지因地에 받은 원계圓戒가 과지果地에 이르면 법신불 · 보신불 · 화신불을 성취하게 된다. 그래서 도선율사는 수행자에게 항상 이러한 행문行門을 잘 사유하여 실천하라고 강조한다.

도선 율사의 율장 해석 방법

수계 이후의 계행 준거 기준은 사분율을 중심으로

앞에서도 간략하게 언급했지만 중국에 네 가지 율장이 동시에 존립하던 상황에서 율장마다 조금씩 다른 지범개차止犯開遮 기준은 승단과 출가자가 일상에서 실행하는 데 혼란과 충돌을 일으켰다. 도선 율사는 어느 율장에 의거하여 구족계를 받았는가에 따라 계체의 성격이 달라진다는 계체이론을 근거로 수계 이후의 계행을 판단하는 기준을 결정하였다. 중국의 구족계 수계는 처음부터 사분갈마법에 의해 이뤄졌기 때문에 '수계 이후의 계행도 사분율장을 기준으로 해야 한다.'는 원칙을 확립하였다. 그러나 현실에 적용함에 있어서는 사분율장만으로는 한계가 있음을 발견하였다.

율장은 부처님 입멸 이후 가섭이 주도한 결집에서 최초로 송출된 「근본팔십송율」 하나지만 후대에 이르러 활동지역의 기후와 풍토, 사람들의 가치관, 사회문화적 변화를 반영하여 각 부파마다 율이 조금씩 다르게 전승되었다. 그 결과 율장 간에 죄의 경중이 서로 달라지고, 지키고 범하는 기준도 나눠지고, 어떤 율장에는 있지만 다른 곳에는 없는 것도 있고, 유사한 일을 다르게 처리하는 등 율장 간에 변화와 차이가 나타나게 되었다. 도선 율사는 이들 광율이 근본팔십송율의 근본정신에서 벗어나지 않으므로 모두 부처님의 말씀을 담고 있다는 입장이다. 그러나 사분율로 승가의 일을 원만하게 처리할 수 없을 때는 타 부의 율이나 경론을 채용해야 하는데 이때의 기준은 일관적이고 타당해야 율문의 해석을 둘러싼 분쟁이나 혼란 없이 적용할 수 있다고 보았다.

도선 율사가 『행사초』의 서문에 해당하는 「서연발기편敍緣發起篇」에서 제시한 기준을 살펴보자. 그는 기준을 세우는 과정에서 다른 이들이 쓴 글이나 구전으로 전해지는 내용에 착오가 있을까 하여 자신이 인용한 경율론 삼장의 원문을 직접 확인했다고 밝히고 있다.[49] 그가 제시하는 율장 해석의 방법론은 사분율 안에 율문과 의리義理가 모두 갖춰져 있으면 사분율을 적용한다는 원칙을 지키되, 다음과 같은 상황이 발생했을 때는 타 부의 율을 써서 사분율의 지범개차를 완성시키는 것이다.

---

49 『행사초』에 언급되어 있는 율장과 주석서들을 대략 조사해 보니 다음과 같다. 광율은 『사분율』을 위주로 하여 『승기율』, 『십송율』, 『오분율』 등을 참고하였다. 주석서로는 『비니모론』, 『살바다부비니마득륵가』, 『살바다비니비바사』 (살바다론 혹은 다론이라고도 함), 『선견율비사사』, 『명료론』 등을 두루 인용하고 있다. 그 외에도 4부 『아함경』, 『선생경』, 『선계경』, 『정법념경』, 『백유경』, 『마하마야경』, 『사익범천소문경』, 『관불삼매경』, 『불유교경』, 『열반경』, 『화엄경』, 『대집경』, 『십륜경』, 『지옥경』, 『잡보장경』, 『비화경』, 『출가공덕경』, 『애도경』, 『범망경』, 『인왕경』, 『불설목련오백문경』, 『성실론』, 『섭론』, 『백론』, 『불성론』, 『대지도론』, 『분별공덕론』, 『대장엄론』 등 대소승의 경율론을 다양하게 인용하고 있다.

사분율에 율문은 있으나 불명확한 경우

사건이나 상황에 대한 설명 부족으로 율문이 명료하지 않은 경우와 율문에 담긴 의리나 뜻이 완전하지 않고 누락이 있는 경우다. 상황에 대한 설명 부족은 예를 들어 율문에 "포살을 간략하게 할 수 있는 열다섯 가지 경우의 약설계略說戒가 있다."는 언급은 있는데 열다섯의 상세한 내용은 없는 것이다. 의리가 누락된 경우의 예는 모든 대중이 참여하는 중법갈마를 할 수 있는 비구승의 종류는 4인승, 5인승, 10인승, 20인승의 네 가지가 있는데 그중 4인승이 할 수 없는 갈마로 수계 · 자자 · 출승잔죄의 세 가지만 언급하는 경우이다. 그러나 사타죄를 대중갈마로 참회하려면 최소 5인의 비구가 필요하므로 4인승이 할 수 없는 갈마는 사실상 네 가지이다.

규정이 있었으나 나중에 폐지한 경우

어떤 일에 대한 규정이 있었으나 훗날 발생한 사건으로 인해 앞의 가르침을 폐기한 경우다. 사분율은 포살할 때 운율을 넣어서 할 수 있고, 오분율은 운율을 넣지 않고 평음으로 한다. 사분율에 의해 운율을 넣어 포살했는데 재가자들이 마치 스님들이 노래하는 것 같다고 비난을 하자 도선 율사는 오분율에 따라 평음 포살을 택한다. 외도가 출가하면 4개월의 관찰 기간을 둔 조항을 폐지하고 오정식五定

食에 포함된 어육을 폐지하는 것도 이 경우에 해당한다.[50]

유의무문有意無文 : 의리義理는 있지만 율문은 없는 경우

사분율에서 사계가 성립하려면 말뜻을 아는 사람 앞에서 계를 내놓는다는 말을 해야 하므로 정신이 온전하지 않은 사람이나 잠자는 사람 앞에서 한 사계는 성립하지 않는다. 『사분율』 권44 「첨파건도」에는 갈마작법을 함께 할 수 있는 자격을 갖추지 않은 비구는 승수僧數에 포함시키지 않는다. 그런데 승수 불포함 대상자에 정신이 온전하지 않은 사람이나 잠자는 사람이 언급되지 않아서 도선 율사는 관련 율문이 분명한 『십송율』을 차용한다.

무문유사無文有事 : 율문은 없지만 일은 명백하게 발생한 경우

『사분율』에 비구는 반드시 삼의를 수지受持해야 하고,[51] 오후에 먹을 수 있는 비시약, 먹고 남은 음식이나 시주 받지 않은 음식 등을 청

---

50 『사분율』에는 외도가 출가할 경우 사미계를 주기 전에 최소 4개월을 살펴보라는 규정이 있고, 『장아함경』에는 외도의 4개월 관찰 규정을 없앴다. 도선 율사는 외도가 불문에 출가하였다가 외도로 돌아간 후 또 다시 출가하여 구족계를 받으려 하는 경우 13중난(重難)에 해당되어 출가할 수 없기 때문에 굳이 4개월의 기간이 필요하지 않다고 판단하였다. 또한 『사분율』에 정식(正食)으로 포함된 어육에 대해서도 『열반경』을 채택하여 폐지하는 입장을 취했다.

51 『四分律』 卷41, T22, 863a8-10.

정한 방식으로 먹기 위해서는 가법加法을 해야 한다. 그러나 『사분율』에는 가사작법이나 약의 가법을 어떻게 해야 하는지 명문규정이 없다. 도선 율사는 『십송율』에서 가사 작법문을 채용하고, 약에 대한 작법문은 여타의 율장에도 없어서 의리에 입각하여 직접 만들었다.

위에서 언급한 네 가지 경우는 타 부의 율을 사용해야 하는데, 그 중 구체적으로 어떤 율을 수용할지는 다음의 세 가지 기준으로 결정한다.

① 타 부의 율문이 가진 의리와 형세가 사분율과 관계가 있으면 취하고, 완급경중緩急輕重 및 시비是非가 서로 다르면 취하지 않는다.

② 사분율에 율문과 뜻이 아예 없어서 일처리를 온전히 할 수 없을 때는 타 부의 율문을 사용하여 그 일을 완성시킨다.

③ 특수한 방법으로서, 율문과 뜻이 두 개의 율장에 모두 명확할 때는 어느 하나를 버리거나 취할 필요가 없다. 두 가지 방식이 모두 정법에 부합한다면 자신의 뜻에 따라 하나를 선택할 수 있다. 그러나 광율에서도 해결할 수 없는 문제는 계율 관련 내용을 다루는 대소승의 경론을 근거로 종합적으로 판단한다.

도선 율사의 해석 방식에 대해 다음과 같은 의문을 제기할 수도 있다. 첫째, 『사분율』에 의해 계체를 받았으니 『사분율』에 의지하면

되는데 어째서 『행사초』는 타부의 율을 인용하는가. 계체에 의거하여 계행을 설명한다면 충분하지 않은가. 둘째, 삼장이 각각 가르치고자 하는 내용이 이理와 사事의 측면에서 차이가 있다. 지금 논의하는 것은 율장인데 어째서 『행사초』에서는 『아함경』과 소승의 경론을 인용하는가. 셋째, 율장은 소승의 가르침이라서 소승에 국한되고 분명히 차별이 있는데 어째서 화엄 · 열반 · 지지地持 · 지론智論 등 대승의 경론을 인용하는가. 이렇게 되면 대승과 소승을 뒤섞어 버리는 것이 아닌가.

이러한 의문에 대해 도선 율사는 말한다. 진여는 본래 명언으로는 표현할 수 없지만 삼장의 교법을 건립하여 진여의 이치를 드러내고, 삼장의 교법은 사상事相으로 표시되므로 일을 처리할 때는 그에 합당한 문구가 반드시 있어야 한다. 율장도 언어로 표현된 율문과 처리해야 할 승사를 갖추고 있었으나 세월이 흐르면서 부처님의 원래 가르침이 변화되기도 하고, 번역 과정에서 뜻이 소실되거나, 혹은 새로운 것이 삽입되기도 하고, 문자를 베끼는 과정에서 착오가 생기는 등 전승되면서 많은 변화가 있었다. 따라서 타 부의 율을 포함한 삼장을 두루 열람하지 않고 하나에만 편향적으로 집착하면 승단의 일처리가 완전하게 이뤄지지 못한다. 또한 율문을 점검해서 근거로 삼을 조항이 없으면 사람들은 자신의 의견을 좇아서 견해를 내므로 서로 시비를 다투고 미혹을 일으킨다. 이는 결국 의거할 율장과 경론 등 부처님의 가르침을 제대로 알지 못한 탓이다.

이토록 귀한 계율을 승가공동체가 잘 받아 지녀
후대에 온전히 잘 전달하기를 발원합니다

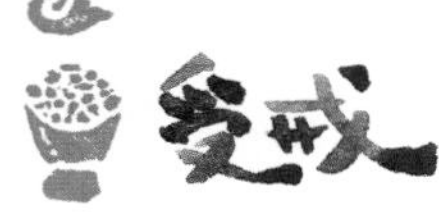
受戒

사분율의 오의분통五義分通

대승 사상과 통하는 사분율의 다섯 가지 특징

『불조통기』에 의하면, 도선 율사[52]는 12개월을 어머니의 태에 있다가 4월 8일에 태어났다. 9세에 갖가지 서적을 두루 보았고, 12세에는 이미 시문을 잘 지었으나 세속을 싫어하여 15세에 일엄사 혜군(慧頵, 564~637) 화상의 절에 들어갔고, 16세 때는 20일 만에 『법화경』을 다 외웠다. 17세에 혜군 화상을 은사로 삭발출가하고, 20세에 지수(智首, 567~635) 율사에게 구족계를 받았다. 26세에 스승의 권유로 지수 율사에게 율장을 배웠다. 선정에 관심이 많아서 율장 열람을 마치고 바로 좌선수행을 할 생각으로 스승에게 돌아갔으나 혜군 화상은 "계

52 31세부터 『행사초』, 『사분율함주계본소』, 『사분율산보수기갈마』 등을 저술하였다. 이 외에도 『속고승전』, 『광홍명집』, 『정심계관법』 등 다양한 저술이 있다. 종남산 운제사에 주석할 때 90일 동안 잠을 자지 않는 반주삼매 수행을 총 20회 하였다. 신라의 자장 율사(590~658)가 종남산 운제사에서 머물 때 서로 교류하였고 의상 스님과도 교류가 있었다. 현장 스님의 장안 광복사(廣福寺) 역경장에 참여하여 철문(綴文) 9덕(德) 중 한 분으로서 필수윤문(筆受潤文) 상수 역할을 했다. 인도의 무외(無畏)삼장이 장안에 와서 황제에게 '서명사의 도선이 지계제일'이라는 소문을 들었다며 서명사에 묵기를 청한 일도 있었다.

행이 깨끗하면 선정이 밝아지고 지혜가 비로소 제대로 잡히는데, 이제 겨우 한 번 들었고 아직 실행도 해 보지 않았는데 어찌 지범持犯을 알겠느냐."고 꾸짖었다. 다시 지수 율사에게 돌아가 총 6년 동안 번역된 모든 율장과 각종 주석서를 스무 번씩 열람하였으며 삼의를 항상 지녔고 하루 한 끼만 먹는 일종식을 했다.

도선 율사와 같은 시대에 사분율 선양에 앞장선 분이 상부종의 법려法礪 율사와 동탑종의 회소懷素 율사이다. 이들 셋을 합하여 당나라 사분율 3대가라고 부른다. 도선 율사의 남산율종이 북방불교의 계율 전통으로 자리 잡은 요인은 성문율인 사분율에서 당시 성행하기 시작한 대승불교의 정신과 상통하는 부분이 있다는 점을 찾아내고, 『법화경』의 회삼귀일會三歸一과 『열반경』의 부율담상扶律談常[53] 사상으로 회통하였기 때문이다.

사분율 속에서 대승의 정신과 부분적으로 통하는 요소들을 찾아내어 성문율을 대승적으로 회통한 도선 율사의 탁월한 지견은 당시 성행하던 대승불교와 자연스럽게 융화되면서 남산율종이 중국계율 전통의 중심으로 자리 잡는 역할을 했다. 그가 찾아낸 대승 사상과 통하는 사분율의 다섯 가지 특징을 오의분통五義分通이라고 한다.

---

53 부율담상(扶律談常)은 계율에 의지하여 영원함을 설한 가르침이라는 뜻이다. 『열반경』의 가르침이 갖는 의미를 요약한 말로서 부처님께서 자신이 입적한 뒤에 세상이 무상하다는 생각에 빠지는 사람들을 경계하기 위해 계율을 엄격하게 지킬 것을 강조하고 아울러 모든 중생들이 불성이 있음을 설하셨다는 내용이다.

첫째, 답파마라 존자의 회향심이다. 『사분율』 권3 승잔죄 중 중죄를 범했다고 근거 없이 비방하는 무근방계無根妨戒 연기緣起에 따르면 아라한과를 얻은 답파마라 존자가 선정 가운데서 다음과 같이 사유하였다.

'이 몸은 무상하고 생멸하며 견고하지 못하다. 내가 지금 어떻게 하면 미래에 견고한 법신을 얻을 수 있을까? 내가 현재 가능한 모든 힘을 써서 대중스님들에게 공양을 올리고, 스님들을 위해서 가사를 분배하고, 시주자의 공양을 받을 차례를 정하는 일을 해야겠다.'

답파마라 존자가 낸 이러한 마음은 무상하고 생멸하며 필경에는 공적에 돌아가는 무학신無學身을 싫어하고, 보살의 법을 추구하며, 마음을 대승으로 회향해서 이타행을 실천하고자 한 것이다.

둘째, 일체 중생의 성불론이다. 『사분율』 계본의 회향문 가운데 '내가 지금 계경을 설한 모든 공덕을 일체 중생에게 베풀어 모두 다 같이 불도를 이루기를 발원'하는 대목이 있다. '개공성불도'라는 말에 바로 화엄과 법화의 원돈요의圓頓了義가 들어 있음을 알 수 있다. 사분율장을 채집한 담무덕 존자가 불승佛乘 외에 이승二乘에 대해서 알고 있었으나 성문승과 연각승으로 회향하지 않고 있음을 증명하는 부분이다. 성문승에서는 오직 한 분의 석가모니부처님만 있고 다른 부처님은 존재하지 않는다. 제자들의 가장 높은 수행계위는 아라한과를 증득하는 것에 그치기 때문이다.

셋째, 불자佛子라는 호칭이다. 『사분율』 권1 서문에 '여시제불자如

是諸佛子 불자역여시佛子亦如是'라는 표현이 등장한다. 대승의 범망경 보살계에서는 출가승을 불자라고 부르지만, 성문계에서 출가대중의 호칭은 비구이다.『사분율』서문에 불자라는 호칭을 쓴 것으로 알 수 있듯이 담무덕 존자의 뜻은 불승佛乘으로 돌아가는 데 있다.

넷째, 사타 범한 물건을 본인에게 돌려주지 않고 대중이 사용해도 가벼운 죄가 적용된다. 사타죄 참회는 내놓는 마음, 내놓는 물건, 절차에 의한 참회법 세 가지가 충족되어야 성립한다. 이 중 한 가지라도 결여되면 여법한 참회가 성립되지 않는다. 죄를 범한 후 물건을 내놓을 때 '내놓는 마음[捨心]'의 진실성이 중시된다. 일단 참회를 하고 나면, 사분율에서는 대중들에게 내놓은 물건을 참회자 본인에게 다시 돌려줘야 한다. 그러나 만약 대중들이 본인에게 돌려주지 않고 다른 용도로 쓰더라도 가벼운 죄만 적용되고, 도계의 중죄는 성립되지 않는다. 이는 참회하는 사람이 마음으로 이미 확실한 결단을 가지고 자신의 물건을 내놓았으므로 물건은 더 이상 그의 소유가 아니기 때문이다. 여기서 바로 '의업을 중시하는 대승의 뜻'이 들어 있음을 알 수 있다.

다른 부의 율에 따르면, 일단 물건을 내놓고 참회가 이뤄지면 대중들은 사타죄를 범한 본인에게는 물건을 돌려줄 수 없다. 이러한 물건은 대중들이 임의로 처리하는데, 상주로 속하게 할 수도 있고, 사방승에게 속하게 처리할 수도 있고, 혹은 산이나 강에 버리기도 한다. 이는 앞의 사분율과는 반대로 사타 범한 물건을 내놓는 이가 그 물건에 대해 탐하고 축적하는 마음을 꼭 끊어야 할 필요성을 요구하지 않는다.

사분율에서 사타죄를 범한 자는 타부의 율과 같이 범한 물건을 반드시 내놓아야 하지만, 완전히 내놓는 바로 그 이유 때문에 범한 자는 마음속으로 여법한 참회의 과정을 명확하게 알고 그에 따라서 내놓아야 한다. 이러한 상황에서 대중스님들은 시기가 적정한지 헤아려 보고, 참회자가 물건을 내놓은 후에 어떤 상황인지를 잘 살펴본다. 만약 그 사람에게 물건을 돌려주지 않음으로써 수행하는 과정에 그 물건들이 꼭 필요하여 다시 밖으로 구하러 다니게 되면 도업을 방해할 경우가 생긴다. 그래서 특별히 대중들이 다 모여서 갈마작법을 통해 내놓았던 그 사람에게 물건을 돌려주고 다시 사용하도록 허락한다. 수행자는 이 물건들을 돌려받으면 새 물건을 받은 것과 동일하게 처리하고, 대중들의 마음도 부처님의 계법을 어기거나 왜곡하지 않게 된다.

그래서 사분율에서는 본인에게 물건을 다시 돌려줄 수 있게 규정하고 있다. 단, 참회자가 탐심과 축적하려는 마음을 끊어 냈음이 반드시 드러나야 한다. 왜냐하면 비록 물건과 관련하여 계법을 어겼다 하더라도 오염되고 청정하지 않은 것은 바로 마음이기 때문이다. 그래서 죄를 범하게 된 탐심과 축적하려는 마음을 제거해 버렸다면, 물건의 청정성은 회복되었으므로 필요한 본인에게 다시 돌려줄 수 있다. 이렇게 마음의 작용을 고려하는 이유로 사분율을 다른 율보다 좀 더 대승에 가까운 것으로 받아들인다.

다섯째, 6식識이 6진塵 경계를 요별한다. 색·성·향 등의 육진六塵 경계는 '안식' 등이 '식지識知'하는 대상이라고 해석하고, '안근'이 아는 대상이라고 해석하지 않는다. 『사분율』 권11의 소망어계 해석에는 '견자안식능견見者眼識能見, 문자이식능문聞者耳識能聞, 촉자삼식능촉觸者三識(鼻舌身)能觸, 지자의식능지知者意識能知'라는 부분이 있다. 소승의 유부에서 '근根'으로써 '본다[見]'고 정의 내리는 것과는 다름을 알 수 있는 부분이다. '안식眼識이 볼 수 있다'는 말은 바로 '식이 본다[識見]'는 뜻인데 이는 곧 대승과 통한다.

이상 다섯 가지를 근거로 성문계인 사분율이 부분적으로 대승의 정신과 통한다고 본 도선 율사의 탁월한 해석은 당시 성행하던 대승불교와 자연스럽게 융화되면서 사분율과 남산율종이 중국계율 전통의 중심으로 자리 잡는 데 큰 역할을 했다.

재가자의 율장 이해

왜 출가자 외에는 율장 열람을 하지 말라고 했을까

율장은 승단과 승단에 속해 있는 출가자의 수행과 생활방식을 규정하고 있기 때문에 승단의 구성원들이 그것을 얼마나 잘 이해하고 실천하는가에 따라 절대적 효용가치가 드러난다. 어떤 이가 율장은 재가자의 필수과목이라고 주장한 글을 읽고 답답한 마음으로 며칠 지냈는데 한 스님이 이러한 주장에 대해 어떻게 생각하는지 물어왔다. 좀 긴 글이 되겠지만 부처님께서 제정한 계율의 종류와 재가불자에 대한 계율 교육을 간략히 살피고, 재가자의 율장 열람에 대한 상좌부불교와 북방불교의 입장 차이와 근거들에 대해서 자세히 알아본다.

계율의 종류

부처님께서는 출가오중出家五衆을 위해서 비구계, 비구니계, 식차마나육법, 사미 및 사미니 10계를 만드셨고 재가이중在家二衆인 우바새와 우바이를 위해서는 삼귀의, 오계, 팔관재계를 제정하셨다. 이것은 상좌부불교와 북방불교에 공통적으로 해당한다. 북방불교는 거기다가 재가불자와 출가자가 함께 받아 지닐 수 있는 범망경보살계 혹은 유가보살계가 보태지는 복층 구조이다.

재가불자에 대한 계율 교육

상좌부불교에서는 재가불자들에게 율장을 가르친다는 말을 자주 하는데 실제상황이 어떤지 자못 궁금하다. 필자의 짧은 견문으로는 상좌부불교에서도 재가불자들에게 비구계를 상세히 가르치거나 율장의 전체 내용을 가르치지는 않는다고 알고 있다. 스님들의 의식주가 재가불자의 외호에 의존하기 때문에 비구스님이 지켜야 할 227계목 가운데 일부 내용들을 재가불자도 알아야 스님이 계를 어기지 않도록 도울 수 있다. 따라서 재가자는 출가자가 개인의 수행과 승단의 화합 및 청정을 유지할 목적으로 율장을 익히는 것처럼 그리 자세하고 깊이 이해하는 이가 많지 않다.

이것은 대만도 마찬가지이다. 계율도량을 외호하는 신도들의 계율 이해는 일반 사찰의 재가불자보다 깊다. 승단을 외호하는 방식이 율에서 정한 기준에 맞아야 하므로 재가불자들에게도 일정 부분 관련 내용을 가르치고 있다. 게다가 재가불자들도 받는 범망경보살계는 음행 · 살생 · 도둑질 · 대망어의 근본중죄와 관련한 계상戒相을 세세하게 가르치는데 이때 범계 여부를 판단하는 기준은 율장 주석서의 내용을 준용한다. 근현대 중국불교의 계율 중흥조인 홍일(弘一, 1880~1942) 율사는 재가불자들이 반드시 알아야 할 계율 지식을 담은 『남산율재가비람南山律在家備覽』을 지어서 계율 교육의 지침을 마련했다. 지금도 재가불자들에게 계율을 가르치는 가이드북으로 사용된다.

비구 및 비구니 외에는 열람하지 말라

구족계를 받은 비구와 비구니 외에는 율장을 보지 말라는 것은 한국불교만 유독 그런 것이 아니라 북방불교의 일반적 태도로서 2천년 이상 지속되어 왔다. 2013년 중국 사천성에 갔을 때 사찰 앞의 허름한 책방에서 『사분율계본』을 발견하고 반가운 마음으로 들어보니 겉표지에 비구와 비구니 외에는 열람하지 말라는 똑같은 문구가 적혀 있었다. 일전에 어떤 이가 그 당시 생존해 계시던 특정 비구 율사스님을 거론하면서 그분 때문에 한국불교만 이렇게 재가자의 율장 열람을 금지하고 있다며 강한 어조로 비판한 글을 본 적이 있다. 그는 사실을 제대로 알지도 못하면서 계율 연구에 일생을 바친 스님을 비방하는 구업을 지었으니 안타까운 일이다.

북방으로 전래된 율장은 처음부터 비구와 비구니 외에는 열람하지 말라는 입장을 취했다. 유교나 도교가 이미 자리를 잡고 있던 상황에서 후발주자로서 유입된 불교가 정착하기 위해서는 중국의 정치와 문화적 특성을 고려해야만 했다. 율장에 등장하는 상세한 계목이나 계율 제정 인연 등이 인도문화를 반영하고 있어서 중국인들의 풍습에 어긋나기도 하고, 재가자가 내용을 앎으로써 자주 비구와 비구니의 과실을 들추어 내면 자신과 타인의 수행을 방해하게 된다고 보았다. 따라서 북방불교의 역대 고승대덕과 조사스님들은 재가자가 출가자의 계율을 보지 못하도록 하였다. 심지어 출가자도 사미나 사미니 등 구족계를 받지 않은 이는 비구계와 비구니계를 볼 수 없다는 입장을 취했다. 이를 뒷받침하는 율장의 근거는 있을까. 그 전에 먼저 상좌부불교권에서 재가자의 율장 열람을 당연시하는 근거는 있을까. 상좌부불교를 신봉하는 이들은 북방불교의 열람 제한 전통에 대해서 의심하고 비난하는데 그들에게 다음과 같이 말해 보는 것도 좋을 것이다.

"재가자가 출가자의 계를 볼 수 있다고 하는데 율장 어디에 근거가 있는가요?"

상좌부 율장에도 재가자의 율장 열람을 허락하는 명문 규정이 없다. 열람을 허락하든 금지하든 그것은 단지 각 지방의 풍속과 습관의 차이가 낳은 차별현상일 뿐이다. 상좌부불교의 풍속과 습관을 존중해서 재가자도 율장을 볼 수 있다면, 똑같은 이유로 북방불교 역시 사회풍속과 습관에 근거하여 재가자의 율장 열람을 제한하는데 그게 왜 문제라고 생각할까. 지역이 다르면 풍속이나 사람들의 정서 또한 다른 법인데 어떻게 상좌부불교의 입장은 반드시 옳다 하고 북방불교의 입장은 틀렸다고 할 수 있을까.

상좌부불교에서 율문에 적혀 있지 않은 것은 규제의 대상이 아니다. 율문에 술을 마시지 말라는 조항은 있지만 담배를 피우지 말라는 조항은 없으므로 비구가 담배를 피워도 아무 문제가 없으며 심지어 재가자로부터 담배공양을 받기도 한다. '비구의 갈마법을 사미가 들어서는 안 된다.'는 조항은 있지만 '재가자들이 참석해서는 안 된다.'는 조항은 없으므로 수계가 이뤄지는 계장에 재가자가 등장해도 문제되지 않는다. 북방불교에서 재가자의 율장 열람을 제한하는 데는 여러 가지 근거가 있다. 비구의 갈마에 사미가 참여하지 말라는 조항도 문자적 해석을 취하는 상좌부율과 달리 출가한 사미조차 참여가 금지된 갈마법을 재가자가 듣는 것은 당연히 허락되지 않는다는 의미론적 해석을 취한다.

재가자의 율장 열람 제한 근거

이하는 북방불교가 재가자의 율장 열람을 제한하는 입장을 취하게 된 근거가 되는 율장의 조문 및 주석서들이다.

1) 『계인연경戒因緣經』 권7 : 만약 비구가 구족계를 받지 않은 이에

게 한 구절이라도 계법을 말하면 바일제죄다.

2)『마하승기율』 권65 : 식차마나는 반드시 18가지 법을 배워야 한다. 그들의 위치는 비구니와 사미 및 사미니의 중간에 위치한다.…(중략)… 비구니는 식차마나에게 비구니계 7취의 죄명을 알려 주면 안 된다.

3)『마하승기율』 권38 : 식차마나는 사미니로부터 음식을 공양받아서 먹어야 한다. 식차마나에게는 바라이 내지 월비니죄의 바라제목차를 말해서는 안 되고 그들을 가르칠 때는 '음행을 하지 말라. 도둑질을 하지 말라. 살인을 하지 말라.' 등의 방법으로 가르쳐야 한다.

4)『마하승기율』 권27 : 구족계를 받지 않은 이에게 5편 죄명과 바라제목차를 설하면 월비니죄다. 부처님께서 사위성에 계실 때 비구가 구족계를 받지 않은 이에게 5편 죄의 명칭을 말하였다. 나중에 비구가 마을에 들어가니 속인이 말하기를, "장로여! 당신은 바라이 내지 월비니죄를 범했소."라고 하였다. 비구는 그 소리를 듣고 참괴심을 느꼈다. 정사로 돌아와 이 일을 부처님께 말씀드리니 다음과 같이 말씀하셨다.

"너희 비구들이여! 어째서 구족계를 받지 않은 이에게 바라제목차의 5편 죄명을 말했느냐? 지금부터는 구족계를 받지 않은 이에게 바라제목차를 말하지 말라. 만약 가르쳐야 할 상황이 있거든, '그런 행위를 하면 안 된다. 청정한 행이 아니다. 훔치지 말라. 살생하지 말라. 망어하지 말라.' 등으로 말하라. 만약 구족계를 받지 않은 이에게 바라제목차의 5편 죄명을 말하면 월비니죄이다."

5) 『근본설일체유부비나야根本說一切有部毘奈耶』 권9 :

문 : 출가승의 숫자가 이미 많은데, 경전의 숫자가 얼마나 되는지는 모릅니다.

답 : 비구의 경전에는 삼장三藏이 있다.

문 : 각 장藏의 수량은 얼마나 됩니까?

답 : 각 장의 송頌은 10만이다.

문 : 재가자와 출가자들이 다 들을 수 있습니까?

답 : 이장二藏 즉 논장과 경장은 둘 다 들을 수 있다. 비나야의 가르침은 출가자의 규범이므로 속인이 들어서는 안 된다.

6) 『중치비니사의집요重治毗尼事義集要』 권1 (영봉우익 대사 저술) : 경장과 논장은 귀하게 다 유통되는데 어째서 유독 비니장은 그렇게 보물처럼 비밀로 다뤄지는가? 왜냐하면 오직 구족계를 받은 이들에게만 해당하는 승법이기 때문이다. 다른 이들은 얻을 수 있는 효용이 없기 때문이다. 그래서 근본율에 이르기를, 재가와 승려들이 다 같이 들을 수 있는 것으로 경장과 논장을 이야기하고 비나야의 가르침은 출가자의 규범이므로 세속인은 들어서는 안 된다고 말한 것이다. 계인연경서戒因緣經序에 이르기를, 천축에 있는 율은 열람이 제한되어 있다. 오로지 삼장을

밝게 아는 이들이 열람하고 서로 가르침을 주고 받는다.

7) 『분별공덕론分別功德論』 권1 : 비니란 금율禁律이다. 이부승 즉 비구와 비구니를 위한 것이며 설명이나 검열은 그릇된 것이다. 이백오십 혹은 오백사라고 부른다. 마치 왕의 비밀장藏은 외부의 관리나 대신들이 볼 수 없어서 내장內藏이라고 부르듯이 계율장 또한 그러하다.

8) 『근본살바다부율섭根本薩婆多部律攝』 권9 : 만약 속인이 과실을 들추기 위해서, 혹은 법을 훔치려는 마음으로, 혹은 불법에 대한 신심과 공경이 없으면서, 혹은 아는 바가 없으면서, 혹은 외도 등이 율장과 관련된 말을 하거나 혹은 듣게 한다면 지옥에 떨어지는 죄를 얻는다.

9) 『십송율』 권54 : 비구계를 받지 아니한 자 혹은 바라이죄를 범한 비구가 대중의 단백갈마, 백이갈마, 백사갈마, 포살과 자자, 혹은 14가지 갈마를 들으면 적주賊住라고 하는데 이들 적주인은 출가하여 구족계를 받을 수 없다. 만약 적주인이 이미 출가하여 구족계를 받았다면 멸빈시켜야 한다.

이상에서 살펴보았듯이 출가자는 구족계를 받지 않은 이에게 비구계와 비구니계의 내용과 범죄의 편취 명칭을 말해서는 안 된다. 같은 출가자라도 구족계를 받은 이와 받지 않은 이를 구분하는데 이 논리로 추론하면 재가자에게 비구 계율을 보지 말라는 북방불교의 해석은 충분히 합리적이다. 게다가 출가자조차도 스승의 가르침 없이 혼자 율장을 보면 반드시 의심이 생기고 그로 인해 사견에 빠질 가능성이 있기 때문에 북방불교의 오랜 전통은 구족계를 받지 않은 이는 굳이 알 필요가 없다고 가르치고 있다.

클릭 한 번이면 부처님의 모든 가르침을 열어 볼 수 있는 시대에 누군가의 자발적 율장 열람을 금할 수도 없지만 원래 알아야만 하는 승가의 것을 출가자가 제대로 알아야 어떤 말도 통하지 않을까 하는 생각이 들기도 한다. 불자들이 두 불교전통의 계율에 대한 해석과 접근 방법이 다르다는 것을 안다면 쓸데없는 논쟁 없이 각자의 입장에서 조화롭게 신행을 할 수 있을 것이다. 각 전통이 어떤 입장을 취하든 미혹과 번뇌를 끊어 버리고, 화합과 청정을 유지하며, 중생을 이익되게 하고, 풍속과 습관에 어긋나지 않도록 행동하여 세속인들의 비난을 받지 않도록 하는 것이 계율의 목적이고, 그대로 행동하는 것이 배우는 이의 자세이다. 단지 계율 조항에 근거가 있고 없고의 문제가 아니라 어떤 율문이든 '제악막작 중선봉행'이라는 지계의 근본 목적을 잃지 않는 방향으로 해석하고 그것을 잘 실천할 경우에 효용을 얻을 수 있다.

인연법을 따르는 수행

세친을 넘어서는 지혜가 있으면 폄하하라

한동안 열심히 글을 올리던 SNS에서 친구 삭제를 한 적이 있다. 출가자임을 알고도 친구 신청을 해 오는 이들은 다 수락했다. 삭제는 한두 사람만 해 보았는데 게으름이 가장 큰 원인이었고, 그래도 혹시나 상호교류를 통해 불교나 출가자에 대해 조금이라도 긍정적인 인상을 가지면 좋겠다는 소박한 마음 때문이었다. 그런데 어느 순간 그것이 순진한 나만의 착각이었구나 싶어서 친구 삭제를 시작했고 그 이후로는 여러 인연이 겹쳐 SNS와 소원해졌다. 삭제했던 대상은 비록 불자라 하더라도 자신의 수행법 혹은 믿음만이 가장 바른 길이라는 확신으로 대승불교를 비방하는 이들이었다. 높은 수행의 경지에 이르렀다면야 어떤 인연도 다 감화시킬 수 있겠으나 그렇지도 않으니 어쩔 수 없는 선택이었다.

불교라는 하나의 테두리 내에서도 과거 생에 쌓아 온 업 따라, 현생에 만난 인연 따라 혹은 어떤 견해를 가지고 있느냐에 따라 각자 선택하는 수행의 문은 다양하다. 그런데 이러한 다양함 가운데 삼보 중 승보를 제외한 '이보二寶에 귀의'를 주장하는 이들과의 간극은 메우기가 불가능에 가까운데 그러한 사람의 대다수는 불교적 이론으로 무장한 식자층이기 때문이다. 두 번째 간극은 초기불교의 관점으로 대승불교를 비방하는 경우이다. 보살정신과 보리심에 대한 이해는 없더라도 대승 사상이 일어나게 된 유래와 대승불교로 인해 불법뿐만 아니라 인류의 사상이 얼마나 풍성해졌는지, 문화적으로는 또 얼마나 아름다운 세상을 만들었는지에 대한 학문적 탐구조차 해 보지 않고 자신의 잣대로 시비를 논하는 모습에서는 편협함이 보인다. 대승불설이니 비불설이니 하는 논쟁은 이미 학계에서도 시대에 뒤떨어진 사고로 정리되었다. 부처님 법 안에서 자신이 선택한 수행법에 충실하고 타인에 대한 배려와 자비심을 실천하는 모습은 수희찬탄의 공덕을 불러일으키지만 자기 관견으로 다른 종파나 수행법을 폄훼하고 비판하는 것은 눈살을 찌푸리게 만든다.

천태지자 대사는 중국으로 한꺼번에 쏟아져 들어온 대소승 경전을 부처님께서 설법하신 시기를 기준으로 나누고, 교설 방법과 내용에 따라 화의사교化義四教 및 화법사교化法四教 등으로 분석하여 5시 8교의 사상체계를 구축하였다. 설법 시기에 따라 나눈 5시時는 화엄시(21일), 아함시(8년), 방등시(12년), 반야시(21년), 법화열반시(8년)이다. 이러한 교판은 교리적으로 서로 모순되어 보이는 여러 경전들을 독자적 사상체계로 분류함으로써 폭넓은 경전 이해에 지대한 영향을 끼쳤다.

대승불교 수행자로서는 5시8교의 사상체계를 세운 지자 대사께 무척 감사한다. 부처님의 수많은 설법들 중 특정 경전만이 부처님의 친설이라는 사상체계보다는 인류의 위대한 스승께서 49년의 긴 세월을 아함시의 사상만 설하셨을 리가 없다는 대승적 사상체계가 더 마음을 두드리기 때문이다. 아름답고 고귀한 보살들의 세계를 실감나게 설명하는 『화엄경』, 성문 · 연각 · 권교보살의 삼승을 설하신 이유가 중생의 근기에 따른 방편이었고 최종 목적은 누구나 부처가 될 수 있다는 일불승 사상을 담은 『법화경』, 아미타부처님의 극락정토를 보여 줌으로써 죽음에 대한 두려움을 없애고 정토에 나기를 발원하게 만드는 『불설아미타경』, 『관무량수경』, 『불설무량수경』, 그 외 『관세음보살보문품』, 『보현행원품』, 『지장경』 등을 통해 부처님과 보살들이 펼치는 갖가지 중생교화의 과정을 이해하고 그분들의 명호를 부르는 수행법과 갖가지 바라밀수행을 통해 보리심을 실천하면 어느 생인가는 누구라도 반드시 부처님처럼 될 수 있으니 멈추지 말고 나아가라는 사상은 얼마나 원대하며 고귀한 인간해방 선언인가!

이렇게 대승 경전들로부터 현세적 고통을 위로받고 많은 불보살들의 가르침을 따르려 노력하는 삶이 초기불교를 신행하는 이들에게 무슨 해를 끼치는 것일까. 혹자는 대승불교의 교리가 부파불교를 상대적으로 소승이라고 폄하하는 것을 문제 삼으면서 비방의 출발점으로 삼는데, 이는 대승불교 탄생의 배경에 대한 이해 없이 문자적 표현에 집착함으로써 대승불교가 대중 속으로 급격하게 퍼져 가게 된 이유와 교리적 특성을 외면하고 이천 년 이상의 대승불교 역사 속에 등장했던 수많은 고승대덕의 지혜를 통째로 부정하는 좁은 소견이다.

인도문화의 황금기 굽타왕조 때 실존했던 인물로서, 현재까지도 불교의 교과서라 불리는 논서인 『아비달마구사론』을 지었던 세친보살은 형 무착보살의 영향으로 대승불교로 전환한 후 많은 논서를 지어 대승의 유식을 선양했다. 대승을 비방하는 이들을 볼 때면 세친을 넘어서는 지혜가 아니고서야 어떻게 그리 용감할 수 있는지 의문스럽다.

불법에 대한 이해와 수행 방식은 스스로 쌓아 온 인연법에 따를 수밖에 없다. 자신의 선택이 무엇이든 중요한 것은 인연에 맞는 수행 방식을 올곧게 잡고 나아감으로써 삶을 향상시키고, 향상의 과정과 결과를 선하고 긍정적인 방식으로 주변 사람들과 나눔으로써 공동체의 삶이 행복해지도록 기여하는 일이다. 이것이야말로 대소승을 떠나 보리심을 실천하는 참불자의 아름다운 삶이다.

능히 건너다
律

승가의 화합과 갈마

승가의 화합은 현전승가의 여법한 갈마 실행으로 가능

지금까지 한국승가의 계율 학습은 대단히 소극적이었고 그것조차 바라제목차 위주로 이루어졌다. 계율에 대해서는 갈 길이 여전히 멀지만 이제부터라도 율장에 시설된 각종 갈마법을 실천할 수 있도록 승가 내에서 율장에 대한 관심과 연구가 절실하다. 승가의 화합은 각 현전승가에서 여법如法을 기반으로 한 갈마를 실행할 때 온전히 이뤄질 수 있다. 갈마법은 승가가 세속적 가치에 물들지 않고 승가다운 방식으로 운영되도록 하는 유일한 기준이기도 하다.

바라제목차가 악법에 속하는 행위를 하지 않는 것에 치중하는 지지계止持戒라면, 갈마는 승가와 개인이 적극적으로 비법을 척결하고 선업을 증장시키기 위해 행동으로 옮겨야 하는 작지계作持戒이다. 율장의 전체 내용을 한마디로 요약하면 지지와 작지라고 할 수 있을 정도로 비구 · 비구니는 이 두 가지를 잘 알아야 정법구주正法久住의 책임자로서 여래의 가업을 이을 수 있다.

율장의 전문용어인 갈마의 어원을 먼저 살펴보면 산스크리트어 까르만(karman)과 빨리어 깜마(kamma)이다. 갈마는 일반적으로 업業이라고 번역하며 신구의 삼업을 조작하여 어떤 일을 성취하는 행위 혹은 행위의 결과로서 남게 되는 잠재적인 힘을 뜻하기도 한다. 갈마가 이뤄지는 방식을 보면 구업을 사용하여 갈마문을 말하고, 신체적으로는 갈마의식에 필요한 율의에 부합해야 하며, 의업 역시 진행되는 갈마의 내용에 집중해야 갈마가 성취된다. 즉 삼업이 처리하고자 하는 일의 목적에 부합되게 움직였을 때 일이 성취되므로 갈마란 곧 '업을 짓는[作業]' 행위이다. 이렇게 보면 갈마를 업이라고 번역해도 별문제가 없는데 율장 번역자들은 원어의 발음을 살리는 음사音寫 방식을 선택했다. 범어 발음을 그대로 차용한 이유는 '업'이라고 번역할 경우 사람들이 갈마가 세속인과 출가자에게 공통적으로 해당된다고 오해할 소지를 방지하기 위함이다.

일반적으로 업이라고 하면 선업과 악업 모두를 지칭하는데, 갈마는 오로지 출가승가에만 해당되는 법으로서 여법한 삼업과 여법한 교법에 의해 승사僧事를 처리하는 것이므로 청정하고 수승한 범행梵行에 속한다. 따라서 동일한 삼업의 조작이라고 하더라도 출가승가에서 법답고 율다운 방식으로 일을 처리하므로 '갈마'라고 지칭하여 일반인들이 사용하는 삼업의 운용과 구분하였다.[54]

54 妙因法師淺釋·道海法師講述(2014), 『隨機羯磨淺釋講記』, 正覺精舍, 63-65.

결론적으로 말하면 갈마란 '업'으로 해석되지만 일반적인 업과 이름만 같을 뿐 체성은 다르다. 승가에서 행하는 갈마는 여법하게 갈마교법을 실천하는 것을 업으로 삼는다. 이 뜻을 이해한다면 갈마교법을 실행할 때는 언제 어디서나 반드시 여법해야 함을 알 수 있다.

『십송율』 주석서에 따르면 부처님께서는 구족계를 받은 비구에게 5하夏와 5법法을 성취한 후에 비로소 스승을 떠나 세간을 유행하면서 배우라고 하셨다. 5하는 구족계 수계 이후 다섯 차례의 하안거를 지내는 것이고, 5법은 범犯 · 무범無犯 · 중죄重罪 · 경죄輕罪를 잘 아는 것과 바라제목차를 잘 지키고 사람들에게 알려 주는 것이다.

5하가 되지 않았으나 5법을 성취한 경우에는 세간을 유행하면서 공부해도 되는지 질문하자, 부처님께서는 두 가지 조건을 모두 만족한 경우에만 가능하고 그 외에는 불가하다고 답하신다. 심지어 어떤 이가 삼장에 통달하고 삼명三明을 증득하고 탐진치 삼독을 없앴다 하더라도 5하가 되지 않았으면 의지사를 떠나지 말라고 하셨다. 또 말씀하시기를, "어떤 이가 스무 살에 구족계를 받고 하랍夏臘[55] 60년을 채워 80세가 되었다 해도 별해탈경을 독송하지 않고 의미를 모른다면 반드시 의지사를 두고 배워야 한다."라고 하시면서 이런 사람을 노소老小비구라고 부르셨다. 이처럼 부처님께서는 구족계를 받

---

55 하랍(夏臘) : 출가하여 구족계를 받은 후 하안거가 끝나는 음력 7월 15일을 기준으로 승려가 된 햇수를 가리키는 말로 법랍 또는 계랍이라고도 한다.

은 후 5년까지는 율장을 잘 공부해서 지범개차와 각종 갈마법을 확실히 익힌 후에야 비구 · 비구니로서 언제 어디에서든 역할을 잘할 수 있다고 강조하셨다.

여법하고 화합된 갈마가 이뤄지려면 갈마교법[法], 처리해야 할 일[事], 사람 수[人], 장소[處] 등 네 가지 조건이 유기적으로 맞물려 법답게 실행되어야 한다. 갈마교법은 대중의 포살[송계], 안거, 자자 등을 포함한 일체 사무를 처리할 수 있는 법규로서 모두 갈마법에 의해 처리되어야 하므로 '법'이라고 한다. 사事는 갈마교법에 의지하여 처리되는 대중승사와 개인의 일체 사무를 가리킨다. 방사를 짓는 일이나, 매일 사용하는 생활용품이나 가사 발우 등을 받거나 내놓는 등의 일이다. 인人은 수계나 참회 등 사람과 직접 관련되는 것이다. 계를 받고 나서 혹시 범하면 참회해야 하는데 이 참회법도 갈마법에 따라서 실행한다. 처處란 이러한 갈마가 이뤄지는 합법적인 장소로서 작법계와 자연계로 나눈다.

법 · 사 · 인 · 처 가운데 하나라도 어긋나면 여법화합 갈마가 성립되지 않는다. 대중이 모여서 갈마를 마쳤는데 무효가 된다면 시간 낭비는 물론이거니와 수행을 방해하며 불선업을 짓기도 한다. 이렇게 본다면 승가의 생활에서 율장을 벗어날 수 있는 일이 과연 얼마나 될까 싶다. 그러나 현실을 둘러보면 율장을 논하는 이 목소리가 불자들이나 출가자들에게 얼마나 비현실적으로 들릴지 충분히 가늠된다. 그럼에도 불구하고 승가가 시대적 흐름에 휩쓸리지 않고 가야 할 길을 고고히 걸어가는 수행자를 양성할 수 있는 유일한 방법은 율장 속에 남겨진 부처님의 음성에 귀 기울이는 출가자들이 많아져야 한다는 확신은 짙어만 간다.

현전승가의 범위와 계界

수계 · 포살 · 자자는 모든 출가자 참석이 의무

율장에서 사용되는 계界는 크게 대중을 섭수하는 승계僧界, 삼의를 섭수하는 의계衣界, 음식을 섭수하는 식계食界가 있다. 승계는 동일한 장소에 있는 출가자를 섭수하여 별중別衆의 죄가 생기지 않도록 하는 범위이고, 의계는 삼의를 개인에게 소속시켜서 이의숙離衣宿죄를 범하지 않도록 하는 영역이며, 식계는 음식을 따로 보관하기 위한 특정구역으로서 정지淨地를 의미하는데 출가자와 음식을 분리시킴으로써 식욕이나 식탐으로 인한 숱한 번뇌를 덜어 준다.

승계는 크게 작법계作法界와 자연계自然界로 구분할 수 있다. 율장에 기재된 설계說戒의 연기를 보면 최초에는 자연계를 기준으로 비구들이 화합하고 포살을 하였다. 그러나 비구의 숫자가 많아짐에 따라 처리해야 할 일들이 복잡해졌고, 모여야 하는 자연계의 범위가 점점 커지면서 대중을 소집하기가 힘들어졌다. 어느 날 사방 멀리서 온종일 걸어온 대중들이 너무 피곤해서 포살을 할 수 없게 되자 부처님께서는 각자 거주하는 장소를 중심으로 구역 표시를 하고 결계를 친 후 포살 등의 갈마를 하라고 제정하셨다.

갈마와 관련한 결계結界는 대중을 섭수하는 승계 중 작법계를 의미한다. 출가자들을 섭수하려면 함께 생활하고 거주하는 특정 영역이 있어야 한다. 그 영역 내에서 함께 법을 배우고 수행하며, 일상생활과 사무처리를 함께 해야 대중에서 이탈하는 별중죄別衆罪가 생기지 않는다. 작법계에는 대계大界, 계장계戒場界, 소계小界가 있다.

대계大界는 포살, 자자 등의 갈마를 하거나 사타죄 참회 등을 할 때 비구대중들이 다 모여야 하는 기준이 되는 영역이다. 계장계戒場界는 대계 안에 계단戒壇이 있을 경우에 설치한다. 대계 안에 있는 대중이 모두 운집해서 갈마하기가 현실적으로 불편하여 대계 안에 별도의 계장계를 만들 수 있도록 부처님께서 허락하셨다. 계장계가 설치되면 반드시 대계 내에서 이뤄져야 하는 포살과 자자 등을 포함한 중요 갈마를 제외한 대부분의 승법갈마를 최소 4인의 비구만으로도 실행할 수 있다.

대계大界는 포살·자자 등의 승법갈마를 하기 위해 대중들이 모이는 기준이 되는 특정 범위로서 '현전승가'의 영역을 결정짓는다. 율장에서 규정하고 있는 대다수 공동체 규범은 현전승가의 테두리 안에서 효력을 가진다. 동일한 현전승가 안에서는 의식주를 함께하고 법과 율에 맞게 독자적으로 운영한다. 하나의 현전승가에서 갈마법으로 결정한 일들은 대계를 달리하는 다른 현전승가에 효력을 미치지 않는다. 대중화합과 승사 처리의 기준이 되며 나와 타인이라는 분별 경계를 소멸시키고 단체를 발전시키는 작용을 한다. 그래서 동일대계同一大界, 동일주처同一住處, 동일설계同一說戒, 동일갈마同一羯磨는 아집과 법집을 소멸시키는 작용을 한다.

소계小界는 세 종류가 있는데 대계 내의 대중이 화합하지 않을 경우에 제한적으로 허용된다. 사분율에 따르면 수계, 포살, 자자의 세 가지 갈마는 대계 안의 모든 출가자가 반드시 참석해서 실행해야 하는 것임에도 불구하고 동의하지 않는 대중이 있거나 화합이 되지 않을 경우에는 대계 밖으로 나가서 한 곳에 소계를 맺고 재빨리 수계, 포살, 자자 등을 할 수 있다.

이는 수계, 포살, 자자가 승가 구성원들에게 얼마나 중요한 행위인지를 방증한다. 대계 안에서 포살, 자자, 수계 및 각종 갈마를 할 때에는 반드시 대중 운집을 알리는 목탁이나 종을 쳐야 한다. 참석할 수 없는 경우 위임하고, 위임 받은 이는 갈마를 하기 전에 대중에게 알려야 한다. 대계 안에 외부에서 온 객스님이 있을 경우에도 참석 여부를 묻고 불참한다면 위임을 받아야 한다. 위임하지 않으려면 대계 밖으로 나갔다가 포살이 끝난 후에 들어와야 한다. 이러한 절차 없이 불참자가 있는 상태에서 포살하면 별중別衆이 되어 포살이 성립되지 않는다.

자연계는 대중이 작법을 통해 결계를 하기 이전의 자연상태에 모두 통하는 것으로서 『사분율』에는 승가람계, 취락계, 난야계, 도행계

道行界, 수계水界 등을 언급한다. 즉, 비구·비구니가 승가람이나 취락에 머물 때, 유행할 때 혹은 아란야에 머물 때, 배를 타고 있을 때 등의 상황에서 포살이나 자자를 할 때 어느 범위까지 함께 모여서 갈마를 해야 하는지를 규정하는 것이다.

비구승가와 비구니승가

비구승가와 비구니승가는 서로 독립적으로 갈마

갈마가 성취되기 위해서는 꼭 지켜져야 할 두 가지 원칙이 있다. 그중 가장 기본이 비구는 비구승가에서 갈마하고 비구니는 비구니승가에서 갈마하는 '동종同種 갈마'의 원칙이다. 비구승가의 갈마에 비구니가 참석할 수 없고, 마찬가지로 비구니승가의 갈마에 비구가 참석할 수 없다. 두 번째 원칙은 특정 사건으로 인해 어떤 사람을 대상으로 갈마를 할 때 사건 당사자는 반드시 갈마 현장에 있어야 하는 '현전現前 갈마'의 원칙이다.

그런데 위에서 밝힌 갈마의 원칙을 벗어나는 예외가 있다. 비구승가와 비구니승가가 공동으로 처리해야 하는 사무, 비구승가가 비구니승가를 위해 처리해야 하는 사무, 비구니승가가 비구승가에게 부탁을 하는 사무 등 비구승가와 비구니승가 간에 교류가 이뤄지는 경우이다.

동일계同一界 안에서 중첩으로 결계結界하는 작법

1) 비구니의 구족계 수계

비구니 구족계는 본법니계단에서 계를 받고 당일 비구승가에 가서 계를 받는 이부승 수계에 의한 백사갈마법으로 계체를 얻는다. 그러므로 비구의 대계 영역 안에서 비구승가와 비구니승가가 중복해서 결계를 해야 한다. 비구는 비구의 계界가 있고 비구니는 비구니의 계界가 있어야 하므로 비구승의 계界 위에 작법을 통해서 비구니 계界를 중첩하여 결계한다. 수계가 끝나면 비구니는 비구니의 계를 풀고 떠나야 한다.

2) 비구니의 마나타

구족계를 받은 비구니가 승잔죄를 범한 경우 이부승 앞에서 반월 동안 마나타를 해야 하고 참회를 하는 비구니들이 사는 영역 안으로 비구가 들어와야 한다. 그래서 비구니의 대계 가운데 일부 영역을 떼어서 비구의 영역[界]을 중첩하여 결계를 치고 마나타 참회의식을 행한다. 비구는 나중에 비구의 결계를 풀고 떠나야 한다.

3) 비구니 출죄

마나타가 원만히 끝난 후 승잔죄를 풀어서 청정성을 회복시켜 주는 백사갈마법이다. 이 갈마는 청정 비구 20인과 비구니 20인이 필요하다. 따라서 비구니의 영역 위에 비구의 영역을 중첩으로 결계하는 작법을 한 후에 출죄出罪 갈마를 해야 한다.

이상 세 가지는 동일한 계 내에서 비구승가와 비구니승가가 각자 따로 중첩 작법을 해야 성립된다. 『사분율』에서 비구와 비구니가 동일한 장소에서 거행하는 작법으로서 영역의 중첩이 이뤄지는 특수한 경우는 위의 세 가지뿐이다.

동종의 원칙과 현전의 원칙에서 벗어나는 갈마

다음의 두 가지는 비구승가와 비구니승가의 상호교류와 관련되는 일인데, 동종 갈마 원칙과 당사자 현전의 원칙에 예외가 되는 경우다.

1) 요사교수법遙捨教授法

비구니는 반월마다 비구승가에 가르침을 청하고, 비구대중은 백이갈마를 통해 1인의 교수사를 차출하여 비구니승가에 보내 교수를 내린다. 그러나 비구니대중에서 비법非法한 일이 있었거나, 서로 화합하지 않고 싸우는 등의 사건이 있었다는 소식을 들은 비구대중은 비구니가 현전하지 않은 상태에서 교수사를 보내지 않는 갈마를 할 수 있다.

2) 비구니요위승작삼갈마比丘尼遙爲僧作三羯磨

부처님께서 정하신 팔경법에 의거하여 비구니는 예배, 존중, 공경, 문신 등의 행위를 통해 비구를 공경하는 뜻을 표해야 한다. 그러나 비구가 외적으로 위의가 없고, 행위도 청정하지 않고, 비구니를 대하는 태도나 언어가 비루하여 도업에 이익이 안 될 경우에 비구니승가는 해당 비구가 현전하지 않은 상태에서 갈마를 통해 그 비구에게 절을 하지 말고[不禮拜], 말도 섞지 말며[不共語], 공경도 하지 않는[不恭敬] 작법을 할 수 있다.

비구니승가가 비구승가에 도움을 청하는 것과 관련된 갈마

1) 비구니승가가 행하는 갈마

비구니승가가 포살일에 비구승가에 가르침을 청하러 갈 사람을 차출하는 니차구교수법尼差求教授法과, 안거 후 자자를 하기 위해 비구승가에 자자법을 청할 대표를 파견하는 니차자자인왕대승중법尼差自恣人往大僧中法이 있다. 이것은 비구니승가에서 이뤄지지만 갈마의 목적 자체가 비구승가에 사람을 파견하는 것이다.

2) 비구승가가 행하는 차교수니사법差教授尼師法

비구니승가에 교수사를 보내달라는 요청을 공식적으로 하면, 비구대중은 백이갈마를 통해 계율뿐만 아니라 수행과 교리에 두루 밝은 비구를 차출하여 비구니승가에 보내 가르침을 주어야 한다.

교수사로 갈 수 있는 비구는 다음과 같은 10가지 자격을 갖춰야 한다. ① 계율을 잘 지키는 자[持戒], ② 널리 두루 배우고 익힌 자[多聞], ③ 비구계율과 비구니계율에 통달하고 율장의 지범개차를 두루 섭렵한 자[誦二部律], ④ 질문에 막힘없이 대답하여 의문을 풀어 줄 수 있는 자[決斷無疑], ⑤ 설법을 잘하는 자[善能說法], ⑥ 출신성분이 좋은 자[族姓出家], ⑦ 용모가 단정하여 보는 이로 하여금 환희심을 일으키는 자[顔貌端正], ⑧ 비구니에게 가르침 주는 것을 감당할 수 있는 자[堪爲尼說], ⑨ 초편과 2편의 중죄를 범하지 않은 자[不犯重戒], ⑩ 하랍[하안거 횟수] 20년이 넘은 자[滿二十夏]이어야 한다.

부처님 당시에는 이런 조건을 충족하는 제자들이 많이 있었겠지만 현대사회에서 이 열 가지를 다 갖춘 비구를 찾기란 쉽지 않을 것 같다. 한마디로 수행과 덕행을 고루 갖추고 위의가 반듯하여 사람들로부터 존경을 받는 비구여야 비구니승가에 가르침을 전할 수 있다는 조건은 비구 입장에서 무거운 짐일 수도 있지만 스스로를 책려하는 자극제일 수도 있다. 비구니 입장에서는 비구승가의 자비심에 대해 감사하고 공경심을 가지게 된다. 이렇게 상호 화합하고 존중하는 모습 속에서 양 승가는 공동으로 성장한다.

비구와 비구니가 1:1로 행하는 갈마

위의 사례들이 승가 전체가 관련된 승법갈마라면 아래는 비구와 비구니가 개인 대 개인으로 행하는 갈마이다. 부처님의 교법에 따르면 비구와 비구니가 개인 대 개인으로 작법을 하는 것은 공식적으로 아래의 두 가지뿐이다.

1) 니백입승사법尼白入僧寺法

비구니가 일 때문에 비구의 사찰에 갔을 때 산문이나 종무소에서 한 사람의 비구를 향해 자신이 온 목적을 고지한 후에 사찰에 들어갈 수 있다.

2) 니청교수법尼請教授法

포살하는 날 비구니승가를 대신하여 교계를 청하는 갈마법과는 다른 것이다. 비구니가 경전이나 논장에 대해 이해가 안 될 경우 비구를 청해 가르침을 받는다. 비구는 비구니 사찰에 도착했을 경우 비구니 한 사람에게 자신이 온 목적을 알리는 작법을 해야 한다.

이상에서 살펴본 바와 같이 비구승가와 비구니승가는 특정한 목적을 달성하기 위해서 상호 협력하는 때를 제외하고 모든 갈마를 독립적으로 행한다. 상호 협력의 주된 목적은 비구승가가 부처님의 가르침을 잘 지키고 공유해야 할 책임자로서 비구니승가의 성장을 돕기 위함이다. 이러한 과정을 통해 승가 전체는 모범적 공동체로서, 법의 전달자로서, 사회적 지도자로서 역할을 확대해 갈 수 있다. 부처님께서 승가를 위해 마련한 장치들은 비구승가와 비구니승가의 상호 협력과 증장을 통해 번뇌를 여의고 깨달음을 이루도록 돕기 위함이지 어느 한쪽을 우월한 위치에 두고 다른 한쪽을 낮은 위치에 두어 차별을 정당화할 목적이 아니다.

상호 간에 지켜야 할 예법이 지켜지지 않을 때는 법에 따라 처리해야 하고 무조건 팔경법을 운운하는 것은 바람직하지 않다. 비구승가는 위에서 말한 비구니승가에 대한 교수를 하지 않겠다는 요사교수갈마법遙捨敎授羯磨法을 할 수 있다. 그러나 팔경법을 존중하지 않는 비구니승가가 비구승가에게 법을 청할 리가 없으니 이 갈마는 계율을 준수하지 않는 승가에 실질적으로 영향을 미치지 못한다. 비구니승가가 나중에라도 율과 계법을 이해하고 자발적으로 비구승가에 가서 참회하면 비구승가는 갈마를 풀어 주고 상호 증장의 관계를 유지함으로써 부처님 뜻에 부합하는 화합승가로 거듭나게 된다.

부처님께서 계율을 제정하신 뜻이나 율장의 작동 원리 및 의미를 제대로 알지 못한 채 자의적으로 해석하거나 사건 발생의 구체적 상황이나 전체 맥락에 대한 고려 없이 일부분만 보고 판단하면 잘못된 결론을 내리기 쉽다. 이는 정법을 훼방하는 업을 짓게 되므로 두려운 마음을 내야 한다. 불법을 전하고 지키는 양대 축인 비구승가와 비구니승가가 서로의 도업을 성취시키고 불법이 오랫동안 세상에 머물 수 있도록 도와야 할 의무를 저버린 채 세속의 잣대로 권리와 이익을 논하거나 어느 한쪽이 다른 한쪽을 억압한다면 참다운 부처님의 제자라고 할 수 없다. 이런 마음으로는 아무리 수행을 많이 하더라도 부처님께서 이루신 정각의 자리와는 멀리 떨어진 채 생사에 부침하는 고통을 벗어나지 못한다.

갈마와 선거 제도

승가의 의사 결정은 지혜 있는 자의 역할이 중요

갈마는 대계大界를 기준으로 형성된 현전승가의 비구 및 비구니가 육화합 정신에 의거하여 각각 독립적으로 일을 처리하는 승가의 고유한 의사 결정 방식이다. 기존의 많은 연구 자료에는 승가의 회의 방식이라고 소개되고 있다. 승가의 의사 결정은 개인의 이익이 목적이 아니라 승가 전체의 이익을 위하고 수행에 방해되는 번뇌를 대치하는 것이 목적이므로 일반적 언어인 '회의 방식'이라는 표현이 적절한 것 같지는 않다.

갈마가 성립하기 위한 절대 조건으로 전원 출석과 만장일치가 강조된다. 그런데 이 말을 현대적 사고로 '구성원 전원이 모여 각자의 의견을 평등하게 반영하여 만장일치로 결정한다.'고 이해하면 오해의 소지가 생길 수 있다. 갈마는 현전승가의 결합과 화합을 목적으로 하므로 대계 안에 있는 비구나 비구니는 모두 참석해야 한다. 불참할 수밖에 없는 사정이 있으면 절차에 따라 권한을 위임하여야 한다. 이는 불참했을 때 결정된 사안에 대해 후에 따로 이의를 제기하거나 반대 의견을 표시하지 않겠다는 뜻을 대중에게 전달하는 행위이다.

갈마는 참석자 모두의 의견을 균등하게 반영하여 사안을 결정한다는 의미가 아니다. 갈마가 진행되는 자리에서 지위가 높다거나 법랍이 많아서 특별히 더 많은 권한을 가지고 영향력을 발휘하는 것이 아니라 하나의 안건에 대해 찬반을 표할 수 있는 권리는 누구나 동등하게 하나씩만 가진다는 뜻이다. 찬반을 묻는 갈마에서 한 사람의 반대만 있어도 갈마가 성립되지 않고 안건은 통과되지 못하기 때문에 만장일치라는 표현을 쓴다.

그러나 사회에서 말하는 만장일치와 다른 점은 승가에서는 지혜 있는 자의 법답고 합리적인 의견이나 제안이 매우 중시된다는 것이다. 따라서 갈마에 상정된 안건이 지혜 있는 자가 제기한 법답고 합리적인 사안이라면 누구도 반대해서는 안 된다. 개인적으로 약간의 이의가 있더라도 여법성이나 합리성에 어긋나지 않는다면 동의를 표해야 한다. 이런 이유로 갈마는 아견이나 아만을 대치하는 수행방법의 하나로도 여겨진다. 일단 반대 의견이 있으면 갈마는 무조건 중단되고, 반대가 지닌 합리성과 여법성에 대한 총체적 논의가 다시 이뤄진다. 그 과정을 통해 새로운 의견이 도출되면 다시 갈마에 붙여진다. 만약 자신의 고집을 내세우거나 합리적이지 않은 이유로 반대하여 갈마를 방해하고 화합을 깨뜨릴 경우 승가는 그를 합법적인 방식으로 갈마에서 제외시킬 수 있다.

갈마를 진행하는 과정에서 찬반의 세력이 서로 팽팽하여 합일된 결정이 이뤄지지 않아 만장일치 조건을 성취할 수 없을 때 승가의 화합을 이끌어 내기 위한 다양한 방법들이 사용된다. 이때 대중으로부터 존경받고 법과 율에 대해서도 잘 알아 쌍방을 모두 설득시킬 수 있는 덕과 지혜를 갖춘 지도자의 역할이 매우 중요해진다. 다수결의 원칙에 의거하는 민주주의가 찬반의 숫자를 기준으로 최종 결정을 내리는 것과 달리 율장이 지향하는 바는 승가가 서로 화합하며 번뇌를 퇴치하여 열반에 나아가는 데 목적이 있기 때문이다.

오늘날 승가는 대사회적 기능을 효율적으로 담당하고 전체 출가자를 대변하여 정책을 결정하고 집행하는 조직이 필요하다 보니 세간의 선거법을 출세간의 지도자 선정 방식에 차용하고 있다. 이 방식이 사용되는 과정에서 출가승가의 본질을 잃어버리는 안타까운 모습이 자주 보였다. 승가가 화합과 청정을 보배처럼 여기고 청빈과 소욕지족을 귀하게 여긴다면 투표로 뽑든 추대로 모시든 관계없이 자연스럽게 덕과 지혜를 갖춘 이가 지도자가 될 것이다. 그러나 현실은 그렇지 못한 구조 속에 있기 때문에 이왕 선거 방식으로 지도자를 선출하려면 세속적 형태의 파벌, 금권주의, 흑색선전과 비방 등의 부끄러운 일들이 끼어들지 못하는 공정한 시스템을 마련해야 한다.

결계신고와 포살

포살과 결계, 율장에 근거해 다시 짚어 볼 필요가 있다

2008년 4월 조계종단은 "스님들의 수행 장소와 수행 이력을 신고하는 결계結界와 특정 장소에서 계율을 암송하며 자신을 반성하고 참회하는 법회인 포살布薩을 시행한다."라고 밝혔다. 15년이 지난 지금 '결계신고'와 '포살'이라는 단어는 스님들에게 아주 익숙한 용어가 되었다.

스님들은 매년 안거가 시작되는 음력 4월 15일과 음력 10월 15일까지 거주지 관할 교구 본사에 결계신고를 하고 안거 기간 중 포살에 참가해야 한다. 종단은 교구 본사에 신고된 수행 이력을 취합해 '결계록'을 간행하는데 여기에 등록되지 않을 경우 사미(니)는 비구(니)가 될 수 없고, 승려들은 각종 승가고시에 응시할 수 없으며, 법계를 받을 수 없는 등 권리가 제한된다. 이에 종단에서는 매년 안거 대중결계와 포살 시행을 공고한다. 모든 스님은 결계신고를 한 교구 본사, 선원, 강원 등에서 행하는 포살에 하안거 1회 이상과 동안거 1회 이상 참여해

야 한다. 승랍 40년 이상 또는 법계 대종사급 이상의 스님은 참여를 예외로 한다. 그러나 이 경우에도 결계신고 및 해외 출국신고는 반드시 해야 한다.

율장의 고유 용어가 실생활에서 활용되고 있다는 측면에서 나름 의미를 찾을 수 있지만 이것이 부처님께서 원래 의도하신 목적과 의미에 합당하게 사용되고 있는가는 한번 짚어 볼 필요가 있다. 이미 밝혔듯이 포살, 자자, 결계 등은 승단과 출가자의 정체성을 확인하고 정법이 오래 유지될 수 있도록 만드는 주요한 승가의 운영 장치이다. 부처님께서는 심지어 아라한조차도 포살과 자자에는 참석하라고 당부하셨고 당신도 한평생 이를 실천하셨다.

율장에 근거한 포살은 반월마다 행해야 한다. 하나의 대계 안에서 생활하는 모든 비구 및 비구니는 각자의 현전승가에서 비구계 및 비구니계를 송출함으로써 지난 보름간 지계의 실천 여부를 점검하고 잘못된 부분은 참회하여 청정을 회복한다. 수행자 개개인의 청정성 회복은 곧 청정승가를 만드는 원동력이기도 하다. 비구 또는 비구니로서 정체성을 확인하고 스스로의 수행을 점검하는 포살은 타 종교인이나 재가자와 구분되는 불교 출가자 고유의 의무이자 권한이다.

이러한 포살에 참여하는 사람의 지역적 범위를 결정하고 선포하는 행위를 결계結界라고 한다. 하나의 대계 안에서 생활하는 모든 대중은 일처리를 함께 하며 이양을 공동으로 배분하는 등 승가 운영의 역할과 의무를 함께한다. 하나의 승가람 혹은 사찰 단위로 재정과 의식주가 독자적으로 운영되듯이, 율장에 따르면 결계에 의해 승가 화합 여부를 결정짓는 기본 단위인 현전승가가 정해진다.

이렇게 본다면 현재 시행 중인 포살과 결계신고는 법령을 따르고는 있지만 율장정신을 구현하는 측면에서는 본래의 목적과 효능을 벗어난 측면이 있다. 첫째, 율장의 포살은 반월마다 비구계 · 비구니계를 송출하는 것이다. 포살시행령에 따르면 안거 기간 중 3회 이상의 범망경보살계 송출만 의무이며, 비구계와 비구니계 포살은 선택사항이다. 그 결과 2020년 연구에 따르면 비구계와 비구니계를 포살하는 교구 본사는 해인사(사미계 포살 포함)와 송광사뿐이며 비구니계 · 식차마나계 · 사미니계를 독립적으로 포살하는 곳은 봉녕사뿐이다. 출가자의 기본인 비구계와 비구니계 포살이 소홀히 되고 있는 한 출가자의 정체성 확립과 승단 전체의 지계의식을 높이는 일은 쉽지 않다. 둘째, 결계가 현전승가의 독립적 운영과 화합 및 갈마의 실행 기준으로 작동하지 않고 출가자 관리 및 권리 제한을 위한 행정 목적에 치중됨으로써 의미가 변질된 측면이 있다. 셋째, 포살은 건강이나 소임 등 합리적 이유로 불참해야 할 경우 여법한 절차로 위임할 수 있음에도 불구하고 승랍을 기준으로 예외 규정을 둠으로써 포살 실행의 목적에 어긋날 뿐만 아니라 스스로 모범을 보이신 부처님의 행行에도 위배된다.

대한불교조계종 제32대 총무원장을 역임한 지관 스님이 이 제도를 도입했던 목적은 분열된 종단을 화합시키고 출가자의 범계 문제를 예방하기 위한 것이었다. 포살법이 법제화됨으로써 승가 구성원들의 활동 범위를 한정하여 이동경로를 쉽게 파악하고 승가공동체에서 이탈하는 상황을 방지할 수 있었다. 조직관리의 유용성 측면에서 범망경 포살은 기존대로 유지하되, 부처님께서 제정한 포살의 본래 목적인 출자자의 청정성 회복과 승가화합을 이룰 수 있도록 비구계와 비구니계 포살을 일상화해야 한다. 한국의 승가에서 반월마다 스님들이 모여 바라제목차를 송출하고 여법한 참회행법을 통해 스스로의 청정성을 회복한다면 승가화합과 정법구주의 목적은 자연스럽게 달성될 것이다.

수행과 교화의 삼륜三輪

부처님이 중생을 이끄는 세 가지 교화의 바퀴

계율의 중요성을 강조하다 보니 간혹 어떤 이들은 '그럼 다른 것은 제쳐두고 계율부터 먼저 배우도록 해야 하는가.'라는 의문을 가질 수도 있다. 불자라고 하더라도 믿음이나 법에 대한 이해의 차이는 천차만별이다. 그래서 전법을 할 때는 설령 불자라 칭하는 이가 있더라도 곧바로 계학부터 강조하는 것은 주의해야 한다.

불교에서 '삼륜'이라는 용어는 여러 가지 의미로 쓰인다. 불자들에게 익숙한 용법은 보시와 관련하여 받는 자, 주는 자 그리고 보시물 세 가지가 청정해야 한다는 삼륜청정이다. 불교사전에 따르면 부처님의 신구의 삼업을 삼륜이라고도 하고, 혹·업·고를 지칭하기도 하고, 풍륜·금륜·수륜을 일컫기도 한다. 여기서 말하는 삼륜은 『사분율』「수계건도」에 나오는 내용과 관련된다. 부처님께서 천 명의 비구를 세 가지 방식으로 교화한 사건을 참고하여 도선 율사가 불법 수행과 교화의 원리에 적용한 것이다. 이것을 참고하면 자기 수행과 교화의 전체 그림을 이해할 수 있다. 우선은『사분율』권33「수계건도」를 살펴보자.

세존께서 천 명의 범지梵志를 제도하여 구족계를 준 후에 상두산象頭山으로 가셨다. 그때 상두산에는 천 명의 비구승이 있었는데 부처님께서 신족교화神足教化, 억념교화憶念教化, 설법교화說法教化의 세 가지 방식으로 교화하셨다.

신족교화란, 하나에서 무수로 변화하고 무수에서 다시 하나로 돌아오고, 내외를 통달하여 벽을 모두 통과하고, 허공이 아무 장애가 되지 않아서 자재로 유유하며 공중에서 결가부좌를 하거나 새처럼 자유롭게 비행하고, 마치 물에 들어가듯 땅속으로 출몰이 자재하고, 물 위를 마치 땅을 걷듯 빠지지 않고 걷고, 몸에서 큰 불덩이가 난 것처럼 빛을 내는 등 갖가지 신족을 써서 천 명의 비구를 가르친 것이다.

억념교화란, "그대는 마땅히 이것을 사유해야 하고 이것은 사유하지 말아야 한다. 항상 이것은 생각하고 이것은 생각하지 말아야 한다. 항상 이것은 없애고 이것은 꼭 성취해야 한다."고 기억시키는 것이다.

설법교화란, "일체가 불타고 있다. 어째서 일체가 불타고 있는가. 안과 색과 안식이 불타고 있다. 눈이 사물과 접촉한 인연으로 고·낙·불고불락의 느낌이 생기는 것이 불타는 것이다.

어째서 불타고 있는가. 불타는 것은 욕망의 불, 성냄의 불, 어리석음의 불이다. 생로병사와 걱정 근심의 고뇌가 불탄다. 이러한 고를 일으키는 대상과 의식 또한 마찬가지다."라고 법을 설하는 것이다. 이때에 천 명의 비구는 세 가지 방법으로 가르침을 받자 곧바로 무루심해탈無漏心解脫과 무애해탈지無礙解脫智를 얻었다.

이하는 도선 율사의 추가 해석이다. 신족륜은 부처님께서 정법을 선양하시면서 몽매하고 신심이 없는 자들을 위해 우선 이적을 보여서 그들이 두려움과 외경심을 가져 몸으로 조복하게 만드는 것이다.

설법륜은 몸으로 항복하였으나 아직 지혜는 열리지 않았으므로 설법을 통해서 지혜를 얻도록 하는 것이다. 마땅히 이것은 사유해야 하고 이것은 사유하지 말아야 한다는 것은 '선에 머물고 악은 벗어나야 함'을 의미한다. 항상 이것은 생각하고 이것은 생각하지 말라는 것은 '올바른 것에 머물고 삿됨은 벗어남'을 말한다. 항상 이것은 없애고 이것은 꼭 성취시켜야 한다는 것은 '번뇌를 없애는 도를 닦아서 열반을 증득함'을 말한다.

억념륜이란, 신통과 지혜로 인해 어둠이 밝아지긴 하였으나 번뇌와 미혹은 아직 끊지 못했으므로 행동으로 실천해야 하는

데 이를 위해서는 사事와 이理 두 가지 측면에서 반드시 기억하고 실천하는 억념이 필요하다. 사억념事憶念은 계로써 금지시키고, 경계에 반연하는 허물을 사유하고, 신업과 구업을 경책하고, 항상 굳은 의지로 기억하고 지킴으로써 마침내 번뇌를 멀리하는 것이다. 이억념理憶念은 성인의 가르침 대로 아집을 끊어야 하나 아집은 제어하기가 어려우므로 먼저 현상적 측면에서 금지하는 사차事遮의 방식으로 자신이 즐기고 좋아하는 것은 아예 하지 않고, 하기 싫어하는 것은 반드시 실천하는 것이다. 이렇게 버리는 사捨수행을 함으로써 점차 조복이 가능해진다. 그러므로 성인께서 "삼독과 네 가지 전도는 아예 생각하지 말고, 삼선三善과 사관四觀을 항상 받들고 실천하여 나라는 존재가 본래 근원이 없고 허망으로 인한 것이며 본래 무아인 도리를 명백하게 알아야 한다."라고 말씀하셨다. 이것은 절대로 잊지 않고 기억하는 억념으로 인해서 가능하다.

덧붙여 설명하자면 경장과 논장은 신족륜과 설법륜에 속하고 율장은 억념륜에 섭수된다고 하겠다. 신족륜은 신통력을 써서 상대방이 견고하게 지켜 왔던 견해나 믿음을 불법에 대한 신심으로 전환시켜 불교에 입문하게 만드는 것을 의미한다.

설법륜은 부처님께서 깨달으신 사성제, 십이연기, 팔정도 등의 교리를 가르치는 설법을 통해 불법에 대한 믿음과 삶에 대한 이해와 지혜를 계발하는 방법이다. 이는 갓 입문한 초학자들을 대상으로 하며 경장과 논장을 우선적으로 가르친다. 신해행증 가운데 '신해'의 단계에 속한다.

억념륜은 이미 불법에 입문하여 믿음이나 교리에 대한 이해가 어느 정도 진전된 이들을 대상으로 수행하도록 만드는 것이다. 계정혜 삼학 수행을 통하여 결국에는 증득의 과를 얻는 것이 목적이다. 이 단계에는 삼장 중 반드시 계학을 먼저 계발해야 한다. 계학의 튼튼한 기초 없이는 정학과 혜학이 올바로 성취될 수 없고, 표면상으로 성취되었다 하더라도 쉽사리 무너지기 때문이다. 따라서 진정한 수행자란 억념륜의 단계에 들어선 이들을 말한다. 부처님께서 구족계를 받고 비구나 비구니가 되면 가장 먼저 5년 혹은 6년 동안 율장부터 익히라고 한 것이나 재가불자의 진정한 수행은 삼귀의 오계를 받고 나서부터 시작된다고 하는 것도 같은 맥락이다.

계율은 속박인가?

번뇌 다스리고 열반 향하는 첫 출발점이 계율

한 스님의 부탁으로 삼귀의와 오계에 관한 글을 사찰 단체 SNS에 올린 적이 있다. 수계법회를 앞둔 신도들이 열정적으로 읽어 주었고 때론 솔직한 댓글로 필자를 분발시키기도 했다. 그때 어떤 분이 "계를 지킨다는 것이 어렵고 의무감으로 생각되면서 부담스럽습니다."라는 댓글을 달았다. 이런 반응은 스님들이 삼귀의와 오계 수행 지도를 할 때 자주 듣는 이야기이기도 하다.

계율이라는 단어는 일단 듣기만 해도 왠지 모를 속박 혹은 구속의 기분이 들고 답답한 마음이 일며 잘 지키지 못하면 어쩌나 하는 걱정과 부담이 생기기도 한다. 대부분의 보통 사람들이 일으키는 정상적인 반응이다. 그렇다. 세상의 모든 속박은 자유를 구속한다. 부모 자식 간의 사랑도, 남녀 간의 애정도 지나치면 속박이 된다. 그런데 세상의 속박들 가운데 오로지 '계율의 속박'만은 우리를 '진정한 자유와 해탈'로 안내한다. 참으로 신기한 일이다.

불문에 들어와 신행생활을 잘하는 사람들을 관찰해 보면 낯섦을 익숙함으로 바꾸는 데 성공했다는 공통점이 있다. 텔레비전을 보거나 오락 혹은 취미생활을 하고 유흥 등에 사용하던 시간과 돈과 에너지를 법회 참석이나 기도 혹은 수행으로 돌리면서 작은 변화가 일어난다. 좋은 도반들과 격려하며 함께 성장하고, 이웃과 타인을 배려하는 삶을 실천하면서 더욱 적극적인 변화가 일어나고, 그 결과 공덕과 지혜가 쌓인다. 익숙한 것들을 버리고 설익은 것들을 꾸준히 실천해 가면서 긍정적 변화를 체험하고, 그 체험은 더욱 열정적인 신행생활로 연결된다.

낯섦을 향해 계속 나아가게 하는 힘이 바로 계율의 속박이다. 지금까지의 방식대로 말하고 움직이고 생각해서는 육도윤회를 벗어날 수 없다. 열반의 길로 가기 위해서는 거친 번뇌부터 잡아채야 하는데 그 출발점이 바로 계율이다. 깨진 독에 아무리 물을 부어도 고이지 않듯이 불자로서 수행의 길에 들어선 이들은 우선 계율의 그물을 통해 자신의 언행 가운데 법을 담을 수 없게 깨진 곳이 없는지 살펴야 한다.

이렇게 글을 쓰지만 나 스스로도 계율을 잘 지키지는 못하고 있다. 그저 노력할 뿐이다. 지난 몇 년간 대만에서 스님 한 분에게 하루 동안 범한 내용을 발로하고[드러내고], 청정을 회복하는 참회를 보름마다 한 후 비구니계 포살과 범망경 포살을 빠짐없이 했다. 그때 자주 범하는 항목을 또 범한다는 사실을 알았다. 매번 걸려 넘어지는 그곳이 번뇌의 원인 자리였다. 지루할 만큼 반복적이었지만 참회 행법을 통해 다시 살피고 범하지 않겠다는 의지를 세우고 노력하는 과정 속에서 작은 변화가 일어났고 어느 순간 번뇌가 얕아짐을 느꼈다. 세밀히 관찰하고 조심하는 행위가 미세해지면 자연스레 불선업과는 멀어지고 선업과 가까워진다. 이 상태에서 경전을 보거나 수행을 하면 진전이 빠르다. 그래서 대덕들께서 불교공부는 계정혜 삼학을 벗어나지 않고 그 가운데 계학이 가장 기초라고 말씀하셨다.

지금껏 윤회의 바퀴에서 오르락내리락했던 이유는 번뇌와 삼독에 이끌려 다니는 말과 행동과 마음 때문이었다. 늘 하던 습성대로 휩쓸려 다니다가 천만다행으로 인간의 몸을 받고 귀한 불법을 만났으니 이제야말로 익숙했던 습관을 바꿀 절호의 찬스가 온 것이다. 이 기회를 통해 윤회의 고리를 끊어 내겠다는 결단을 행동으로 드러내는 것이 수계이다. 범부의 길을 벗어나 성인의 길로 가는 첫 관문에 발을 들여놓는 귀한 행위이다. 그 길에서 물러서지 않고 꾸준히 나아가도록 하는 정진의 바탕이 자발적 구속인 계율이다. 이 구속의 끝은 진정한 자유로 마무리된다. 따라서 만약 불자 여러분들이 수계를 하였거나 혹은 계율을 통해 속박의 느낌을 받았다면 제대로 된 출발을 하였다는 명백한 증거라 하겠다. 이것이야말로 진심으로 수희찬탄할 일이다.

계법戒法과 선행善行의 차이

계 받는 순간 주인 노릇 해 왔던 번뇌에 역행 시작

"저는 계는 잘 지키지 못하면서 좀 크게 변해 보고 싶은 마음은 있습니다. 이것은 약간 뒤바뀐 생각이 아닐까요? 계를 잘 지키면서 공부하다 보면 저절로 때가 오련만 결과에 대한 욕심이 앞서는 중생심을 어떻게 해야 하나요?"

질문 속에 답까지 다 들어 있지만 조금만 보태 보자. 불교에 입문한 사람에게 가장 중요한 첫걸음은 삼귀의 오계를 받는 것이다. 불교를 공부한다고 스스로 말해도 이 관문을 통과하지 않으면 그저 불학佛學, 즉 불교를 학문으로 공부할 뿐이지 부처님을 닮으려고 그분의 행을 따라 배우는 학불學佛 불자라고 할 수는 없다.

부처님은 일체 중생이 탐진치 등의 번뇌로 악업을 짓고 그에 따라 과보를 받아 혹·업·고의 악순환에서 윤회하고 고통받는 것을 불쌍히 여기시고, 고통을 벗어나 생사를 요달하고 필경에는 불도를 성취하게 할 목적으로 계를 제정하셨다. 부처님께서 제정하신 계율에 의거하여 범부에서 성불로 가는 단계를 정리해 보면, 범부(생사윤회) → 불교입문 → 경계敬戒 → 수계受戒 → 학계學戒 → 지계持戒 → 홍계弘戒 → 원계圓戒 → 성불이라고 할 수 있다.

계를 받을 때 마음 자세는 어떠해야 할까? 원력을 가지고 스스로를 정화하는 힘을 기르고 선량한 습성을 익혀 십법계의 유정무정 및 모든 중생과 사물을 대상으로 자비심을 실천하겠다는 큰 서원이 있어야 한다. 그래서 수계식 때는, "시방법계 일체 유정 무정에 대해 일체 악을 끊고, 일체 선을 행하겠습니다. 일체 중생이 불도를 이루도록 제도하겠습니다."라는 대승보살의 보리심을 발해야 한다. 악업을 끊고[斷惡], 선업을 닦아[修善], 중생을 제도[廣度眾生]하겠다는 원력을 가지고 계를 받으면, 방비지악의 힘을 가지는 계체戒體를 얻게 된다. 이 계체는 시방법계의 모든 선법을 반연하기 때문에 수계 이후 행하는 모든 행위는 일체 중생을 대상으로 평등하게 적용된다.

그렇다면 계체는 실질적으로 어떻게 작용할까? 우리의 일상생활에 어떤 변화를 가져올 수 있을까? 사실상 계를 받고 나서도 우리의 일상은 계를 받지 않았을 때와 똑같이 번뇌와 망상에 이끌려 다닌다. 그러나 계체를 얻은 이는 이전처럼 탐진치가 일어나더라도 이전에는 없던 두 가지 음성이 마음속에서 일어나는 경험을 한다.

첫째는 일을 저지르기 전에 스스로에게 경계하는 단계로서 '계를 받은 내가 이러면 안 되지.'라는 예방의 목소리다. 둘째는 습관에 따라 결국 번뇌를 일으키더라도 그 후에 일어나는 참회의 목소리이다. '내가 이렇게 하면 안 되지.'라는 사전 방어의 역량과 '그렇게 하지 말았어야 해.'라는 사후 반성의 공능이 함께 작용함으로써 무시이래로 주인 노릇을 해 왔던 번뇌에 역행하는 작업이 시작된다. 지켜야 할 계의 내용을 올바로 인식하고 실천하려 애쓰는 과정에서 자기 경책과 항거의 역량은 점점 증장한다. 이것이 계체가 주는 공능인데 잠깐 생겼다 사라지는 것이 아니라 목숨이 다할 때까지 작용한다.

계를 받기 전에는 법계를 가득 채운 모든 경계가 혹업고의 대상이었지만, 수계를 함과 동시에 모든 소연경은 선업을 짓는 대상으로 변화한다. 어떤 이가 길고양이에게 음식을 주고 보살펴 주는 선행을 한다고 해서 채식주의자로 살아야 하는 것은 아니다. 선행은 자신의 마음 상태나 대상 혹은 상황에 따라 변할 수 있기 때문에 동물을 사랑하는 것과 육식은 별개의 문제일 수 있다. 그러나 수계를 통해 계체를 얻은 이는 생명 있는 일체 중생이 모두 보살펴야 할 대상이 되기 때문에 무엇을 먹느냐는 중요한 문제가 된다. 이것이 일반적인 선행과 계법의 중요한 차이이다.

원컨대 계율의 사다리를 의지하여 탐진치를 소멸하고
본래의 자성청정심으로 돌아가 모든 생명을 자비로 품겠습니다

온라인 수계식의 효력

수계의식의 핵심은 계체의 직접 전수이다

영상매체의 발달과 더불어 코로나 시대를 거치면서 많은 사회적 활동들이 유튜브(Youtube), 줌(Zoom), 구글 미트(Google Meet) 등을 통해 원거리에서 이루어지는 경험을 하였다. 이로써 사람들의 의식 속에 있던 공간의 제약이 약해졌다. 불자들도 실시간 방송으로 예불에 참여하고, 설법을 듣고, 개인적인 수행 지도를 받는 등 다양한 신행 활동을 하고 있다. 이러한 시대이다 보니 급기야 일부 승가나 조직에서는 수계식까지도 온라인 방식으로 진행한다는 소식이 들린다.

재가불자들의 삼귀의 오계 수계식을 절에 가지 못하는 사람들도 참석할 수 있도록 온라인으로 해도 되지 않을까? 온라인 수계식으로도 계체가 형성될까? 이 문제를 검토하려면 우선 율장에 시설된 각종 작법이나 갈마가 성립하기 위한 필수조건들이 무엇인지 살펴봐야 하는데 그 전에 먼저 작법과 갈마의 용어 정리가 필요하다. 작법과 갈마가 동일어로 쓰일 때도 있고, 현실에서는 수계작법이라는 용어가 익숙하다 보니 작법이 갈마보다 하위의 의미로 받아들여지기도 한다. 그러나 갈마는 4인 이상의 승가에서 이뤄지는 의사결정 방법 혹은 의식으로서 율장에 정해진 절차와 방식을 따라야 한다. 반면에 작법은 갈마뿐만 아니라 개인과 개인 간에 이뤄지는 여법한 절차와 방식까지 포함하는 좀 더 포괄적인 개념이다.

『율장』의 「멸쟁건도」에서는 승가 내부에서 문제가 발생하거나 갈등이 일어났을 때 이를 해결하기 위해 일곱 가지 멸쟁법을 제시하고 있는데 그중 하나가 현전비니現前毘尼이다. 이 현전비니는 멸쟁뿐만 아니라 모든 갈마에 공통적으로 적용되는 대원칙이다. 『사분율비구함주계본』[56]에는 현전을 크게 두 종류로 분류하고 있다. 하나는 '법法 · 비니毘尼 · 인人' 3종의 현전이고, 다른 하나는 3종의 현전에 '승僧의 현전'과 '계界의 현전'이 더해진 것이다. 『살바다부비니마득륵가』에 따르면 구족계 수계를 위해서는 '불 · 법 · 승의 현전, 화상和尙과 아사리의 현전, 수계자의 현전'이 이뤄져야 한다.

'법과 비니의 현전'이란 해당되는 일과 관련되는 법과 비니를 사용해서 문제를 해결하거나 일을 처리하는 것이다. '사람의 현전'은 당사자가 한자리에 모여 말과 의견이 서로 오가는 것을 말한다. '승의 현전'은 갈마에 참석해야 할 사람이 반드시 현장에 오고, 참석이 불가할 때는 위임을 하며, 그 자리에서 반대 의사를 표명할 자격을

56 『四分律比丘含注戒本』 卷3, T40, p.461b24-c8.

갖춘 사람이 침묵함으로써 동의가 이뤄지는 것을 말한다. '계界의 현전'이란 갈마를 하는 장소가 목적에 맞게 제한된 영역이어야 한다는 것이다. 보통 개인 대 개인으로 이루어지는 대수작법對首作法의 경우에는 3종의 현전만 성취되면 가능하지만, 4인 이상으로 구성된 승가에서는 대중갈마법을 써야 하므로 다섯 가지 법이 모두 현전해야 한다. 수계의식이나 포살은 대중갈마가 이뤄지는 대표적인 의식이다.

『사분율』에서는 수계의식에 반드시 화상이 모습을 나타내야 한다. 그렇지 않으면 비법으로서 수계가 성립하지 않는다.[57] 또한 대리인을 보내서 '의지依止'[58]를 주거나 받는 것을 허용하지 않는다. 대리방식은 본인의 몸이 그 현장에 없기 때문에 작법을 성립시키지 못한다. 대리인을 통해 의지를 주고 받으면 제자도 스승도 이러한 법을 가볍게 여기게 되고 결국은 서로에 대한 신뢰나 믿음이 쌓이지 않아 의지사 제도의 본래 목적을 달성하기 어렵기 때문이다. 참회를 할 때도 사람의 현전을 명시하고 있다. 그래서 승가에서는 전화나 영상으로 잘못을 드러내는 발로發露까지만 가능하고 훗날 반드시 상대방을 마주하고 참회해야 진정한 참회가 성립된다는 해석을 한다. 개인

57 『십송율』에서는 화상이 현전하지 않아도 수계가 가능하다고 되어 있다.

58 스승인 화상이 환속하거나 죽었을 경우 제자는 자신을 지도하고 양육해 줄 수 있는 의지(依止)아사리를 찾아야 한다. 의지를 받아 줄 수 있는 아사리의 최소 조건은 법랍 10년 이상이고 제자를 가르치고 양육할 수 있는 자격을 갖추어야 한다. 종법으로 법랍 10년 이상이 되어야 제자를 둘 수 있고 말사의 주지를 맡을 수 있도록 규정한 것도 율장의 기준에 근거한 것이다.

간에 이뤄지는 일조차 대리 방식을 허용하지 않는데 하물며 수계의식에 대리인이 등장하거나 화상이나 수계자의 현전 없이 수계가 가능하겠는가라는 것이 사분율의 입장이다. 오분율에는 가사를 빌려 입고 수계를 해도 되지만, 사분율에는 가사와 발우는 반드시 본인의 것이어야 하고 빌린 것은 비법이다. 십송율에는 재가자의 옷을 입고도 수계가 가능하지만 사분율에서는 불가하다. 이러한 차이 때문에 율의 실행 측면에서는 소의율장의 개념이 중요해진다.

대부분의 율전에 당사자가 현장에 오지 않아도 허용되는 갈마는 예외적으로 몇 가지 경우뿐이다. 사분율에는 비구니들이 악성비구를 상대로 불공경 · 불예배 · 불공어 갈마를 할 때와 비구니승가가 화합하지 않고 서로 싸우거나 법답지 못한 일이 발생하여 비구승가가 더 이상 가르침을 전하러 가지 않겠다는 결정을 하는 사교수법갈마捨教授法羯磨를 할 때에 당사자들이 현장에 없어도 가능하다.

율장에서는 천안통이나 신족통을 이용하여 갈마에 참석하는 것을 허락하지 않는다. 참석 대중들이 땅 위에 서서 갈마를 하는데 혼자 신족통으로 공중에 떠 있거나 나무 위에 올라가 있다면 그 갈마는 여법한 화합갈마가 되지 않아서 효력이 없어진다. 수계의식은 계사와 수계자가 현전한 상태에서 계법을 주고 받아야 온전한 계체가 형성된다. 특히 구족계의 경우는 13중난과 16경차를 직접 묻고 답하는 과정이 중요하므로 사람의 현전과 승의 현전이 더욱 엄격하게 지켜지고 있다. 수계의식의 핵심은 법, 비니, 사람이 현전한 상태에서 수계자가 계사를 통해 부처님의 계법을 받음으로써 계체가 형성되는 것이다. 이렇게 형성된 계체의 힘으로 계법을 존중하면서 생활윤리로 적용하려는 노력이 뒤따르게 된다.

오늘날 사용하는 휴대폰이나 원격매체들은 천안통과 유사하다고 볼 수 있겠다. 기술이 얼마나 발달하는가에 따라 온라인으로도 맛과 향을 느낄 수 있는 날이 올 수도 있겠지만 현재로서는 줌(Zoom)이나 구글 미트(Google Meet)를 통해 아무리 맛난 음식을 봐도 그 음식의 맛과 향기를 알 수 없는 것처럼 온라인 수계의식은 쌍방 현전의 조건이 온전히 충족되지 않기 때문에 계체의 형성 여부가 불확실하다. 게다가 온라인 수계식을 통해 쉽게 계를 주고 받음으로써 사람들이 자신이 받은 계법을 소중하게 여기는 마음이 덜해질 수도 있다. 지금의 오프라인 수계로도 계법이 그리 중시되지 않는 현실을 감안하면, 온라인 수계가 사람들로 하여금 계법을 가볍게 여기는 풍조를 심화시킬 수 있다는 우려가 괜한 노파심은 아닌 것 같다. 수계의식은 계사와 수계자 간의 대면을 통한 계체의 전수가 가장 중요하므로 일반적인 신행활동과는 결이 다르게 다뤄져야 한다.

학계學戒와 지계持戒

진정한 변화의 출발은 사소한 언어와 작은 행동에서부터

계를 받는 공덕은 무량하지만 간략히 말하면, "세상 사람들로부터 존경을 받고, 천룡팔부가 외호하며, 일체 번뇌를 조복하고, 일체 악업을 소멸하며, 일체의 선근을 기르고, 일체의 공덕을 성취하고, 일체의 도과道果를 장엄하고, 악도에 떨어지지 않으며, 항상 인천人天의 선취에 태어나며, 생사를 영원히 해탈하며, 구경에는 성불하게 된다."라고 한다.

이전 글에서도 밝혔지만 계법은 모든 중생을 대상으로 평등하게 적용된다. 그래서 계를 받고 나면 십법계에 존재하는 일체의 유정들을 보호하고 아끼는 평등심을 실천하도록 노력해야 한다. 같은 선행이라도 일반인의 선행은 천상에 태어나는 과보를 받는 데 그치지만 수계를 받은 이의 선행은 생사해탈과 구경성불의 과보를 가져온다. 이런 의미에서 대승불교에서는 육식에 찬성하지 않는다.

계를 받은 후에는 지켜야 할 계의 내용에 대한 구체적 학습이 필요하다. 어떻게 하면 지키는 것인지, 범하는 것인지, 범했을 경우 참회하는 방법은 무엇인지 등에 대해 배워야 한다. 그렇게 학습이 이뤄지면 우리가 받은 청정계체가 훼손되지 않도록 잘 지키려는 노력과 실천이 따라야 한다. 이러한 학계와 지계의 과정을 통해 일상생활에서 계체에 수순하여 신구의 삼업을 여법하게 사용함으로써 청정계행이 익어진다. 그 결과 번뇌는 줄어들고 다르마에 대한 확신과 환희심은 더욱 깊어진다.

유식에서는 업종자와 명언종자의 두 가지 인과응보를 이야기한다. 우리가 하는 모든 행동은 종자 즉 씨앗의 형태로 아뢰야식에 저장되었다가 조건이 성숙하여 적정 시기에 다다르면 우리가 체험하는 길흉화복의 모습으로 나타난다. 이러한 자업자득의 인과응보가 업종자業種子이다. 명언종자는 우리가 가지는 인지적 성향, 가치관, 세계관, 자아관 등이 씨앗의 형태로 제8아뢰야식에 저장되었다가 미래 혹은 내생에 우리로 하여금 그와 동일한 성향을 가지게 한다는 인과응보이다. 이것은 주로 우리의 언어적 능력과 관계되므로 명언종자名言種子라고 한다.

업종자는 정해진 것이므로 바꾸기 힘들지만 명언종자는 현재의 관점에서 변화를 이끌어 낼 수 있으므로 수행의 주요 대상이다. 수계受戒를 통해 계체가 형성되고, 학계學戒를 통해 계법에 대한 이해가 깊어지면서 가치관이 바뀌고, 지계持戒의 과정을 통해 계법에 수순하기 위한 노력이 시작되면서 언행에 변화가 생긴다. 진정한 변화의 출발점은 우리가 사용하는 사소한 언어와 작은 행동이다. 지금부터 명언종자인 언어와 행동을 바꾸면 사고방식이 바뀌게 되고, 그에 따라 차례로 습관이 바뀌고, 성격이 바뀌고, 결국에는 인생이 통째로 바뀐다. 따라서 불법에 입문하여 정말로 크게 변하고 싶다면 지금까지 익숙했던 방식대로 신구의 삼업을 다루지 말고 낯선 방식으로 다루는 노력을 해야 한다.

출가하여 자주 들었던 어른스님들의 말씀이 "선 것은 익게 하고 익은 것은 설게 만들라."였다. 이렇게 바꾸기 위해서는 끊임없이 우리 자신을 되돌아보는 반성과 개선하려는 애씀이 필요한데 이것을 가능하게 만드는 장치가 계율이다. 그래서 진정한 불자의 첫걸음이 삼귀의 오계를 받는 수계에 있다고 말하는 것이다. 출가자라면 누구나 삼귀의 오계를 줄 수 있어야 하고, 신도들도 삼귀의 오계를 받겠노라 요구할 수 있어야 하는데 우리나라는 아직까지도 계율에 대한 인식이 양쪽 다 약하다 보니 그렇지 못한 현실이다. 계율의 중요성과 실천에 대한 인식과 행법이 한꺼번에 바뀌기는 힘들더라도 관심 있는 누군가부터 하나둘 시작하다 보면 조금씩 바뀌어 갈 것이라는 믿음을 가지고 한국불교의 장래가 계율에 달려 있다는 어른스님의 말씀을 되새긴다.

아난 존자의 입멸

더 이상 세상에 이익 줄 수 없으니 열반에 들리라

북방불교의 전통에 따르면 부처님께서 열반에 드신 후 가섭 존자에게 법이 전승되었다가 아난 존자를 거쳐 상나화수 존자, 우바국다 존자로 이어졌다. 영지 율사의 『계본소행종기』에는 100세 넘게 산 것으로 알려진 아난 존자가 병이나 고령 등의 이유로 열반한 것이 아니라 한 젊은 비구가 게송 읊는 소리를 듣고 열반을 결심하고 실행한 이야기가 나온다. 『불조통기佛祖統紀』와 『부법장인연전付法藏因緣傳』에는 더욱 상세한 이야기를 담고 있다. 간략히 살펴보자.

가섭 존자는 입멸하면서 가장 수승한 법을 아난 존자에게 부촉하였다. 아난 존자는 법을 부촉 받고 나서 세상을 교화한 지 20여 년이 훨씬 지난 어느 날, 왕사성 밖 죽림사에 이르렀을 때 한 비구가 다음과 같이 게송 읊는 소리를 들었다.

"인생 백 년을 살고도 수로학水老鶴을 보지 못하느니 차라리

하루를 살더라도 그 학을 보는 것이 낫다."

아난 존자가 그 소리를 듣고 깜짝 놀라 속으로 되뇌었다.

'세간에 안목이 없어짐이 어찌 이리도 빠른가? 번뇌와 모든 악이 어찌 이리 갑자기 일어났는가? 성인의 가르침을 어기고 스스로 망상을 일으키니 지혜의 밝음이 없어지고 항상 어리석은 어둠에 잠기겠구나. 영원히 생사의 큰 바다를 헤매며 늙고 병들고 죽음의 핍박을 당하겠구나.'

아난 존자는 젊은 비구에게 말했다.

"그것은 부처님의 말씀이 아니다. 그렇게 수행해서는 안 된다. 부처님 법을 비방하는 두 가지 유형이 있는데 하나는 비록 많이 들었으나 삿된 견해를 내는 것이고, 다른 하나는 깊은 뜻을 모르고 뒤바뀌게 망령되이 말하는 것이다. 이 두 가지 법이 있으면 스스로를 훼손할 뿐만 아니라 사람들로 하여금 삼악도를 벗어나지 못하게 한다. 부처님께서 말씀하신 게송은 이러하다. '만약 사람이 백 년을 살고도 나고 죽는 법을 모른다면 하루를 산 것만도 못하나니 이 법을 깨달아야 한다.' 그대는 이렇게 외워야 한다."

비구는 아난 존자의 설명을 듣고 스승에게 이 말을 전하였으나 스승은 다음과 같이 대답했다.

"아난도 이제 고목처럼 늙어서 지혜가 쇠퇴하였으니 말에 오류가 많다. 믿을 것이 못 되니 너는 앞에서 외우던 대로 하는 것이 마땅하다."

훗날 아난 존자는 그 비구가 대숲에서 아직도 게송을 틀리게 외우는 것을 듣고 이유를 물었다. 비구는 대답하였다.

"존자님, 저의 스승께서 '아난은 늙어서 말이 헛되고 망령됨이 많으니 앞에서 외우고 익히던 대로 하라.'고 하셨습니다."

아난 존자는 선정에 들어 세상을 살펴보고 출정한 후 사유하였다.

'기이하도다. 무상이 매우 크고 맹렬하게 흩어지고 무너지는구나. 헤아릴 수 없는 현인과 성인들이 다 사라지고 세간이 텅 비었구나. 암흑과 두려움 가운데를 지나고 있으니 삿된 견해가 치성하고 불선이 더욱 증장한다. 여래를 비방하고 바른 가르침은 단절되며 영원히 생사의 큰 강에 빠져 있으니 악도의 문이 열리고 인천의 길은 막혀 무수한 세월 동안 괴로움을 받겠구나. 슬프다. 불쌍히 여길 수밖에 없구나. 지금 이 시대는 바르게 가르쳐 줘도 삿된 말이라 여기고 받아들이지를 않는구나. 세상에 더 이상 이익을 줄 수 없으니 열반에 들어야겠다.'

이 사건은 부처님의 가르침을 구전하던 시대였기에 열반하신 지 그리 오래되지도 않았는데 법이 이렇게 와전되었음을 보여 준다. 문자화되기까지의 오랜 간극을 생각해 보면 어떤 가르침이든 오류 없이 완전하게 전해지기는 어렵다. 문자로 전해진 이후에도 시간의 흐름에 따라, 혹은 베껴 쓰면서, 혹은 판각할 때 착오가 일어나기도 했다. 아난 존자를 탄식하게 만든 젊은 비구를 통해 얻게 되는 하나의 교훈은 바른 길을 알려 주는 선지식을 만나는 복이 있어도 자신의 안목이 밝지 않으면 가르침을 받고도 미로를 헤매게 된다는 사실이다.

수행자의 결기

타인에겐 따스하되 자신에겐 타협 않는 칼칼함

동진시대 혜원 스님(334~416)은 여산 동림사에 주석하면서 백련염불결사를 이끌었던 정토종의 개조이다. 그는 구마라즙과 서신을 주고받으며 대승경전의 의문점들에 대해 질문하고 대답하였는데 이 편지를 모은 책이 『대승대의장大乘大義章』이다. 또한 불법은 왕법에 종속된 것이 아니므로 출가사문은 왕에게 예경하지 않는다는 『사문불경왕자론沙門不敬王者論』을 적기도 했다. 스승인 도안 스님의 영향으로 계율을 굳건히 지킬 것을 강조하고 계율의 정비에도 힘을 쏟았다.

병상에 계실 때 제자들이 음식을 권하자 먹어도 되는 근거를 율장에서 찾아오라 하고는 자료를 찾는 사이에 입적하실 정도로 지계정신이 투철하였다. 아플 때는 미음이나 비시장非時漿을 오후에 먹을 수 있음을 몰라서 근거를 요구한 것이 아니라 수행자로서 지행일치의 삶을 보여 후학들에게 경책을 남긴 것이다. 처음 이 이야기를 들었을 때, 한 생을 멋지게 마침표 찍는 수행자의 결기와 후학들을 향한 스승의 지극한 자비심에 감동을 받았던 기억이 난다.

오늘 우연히 한 스님으로부터 약 40년 전에 원적에 드신 통도사 홍법 스님 이야기를 들었다. 젊은 나이에 이미 세속의 몸을 벗은 비구스님의 삶을 흔적으로라도 스치거나 닿을 인연이 아쉽게도 내게는 없었다. 노비구스님께서 칼럼 잘 읽고 있다며 격려의 전화를 주시고 들려준 일화는 다음과 같다.

선사이자 강사이며 율사였던 스님께서는 선원에서 참선도 하고, 통도사에서 학인들을 가르치고 주지 소임도 살면서 대중과 함께 수행하였다. 그러다가 중병을 얻으셨다. 몸이 너무 쇠약해진 스님을 걱정한 몇몇 스님들이 몸을 보할 음식이라도 드리자며 은사이신 월하 스님을 찾아뵙고 의논을 드렸다. 월하 스님께서는 "중이 살다 인연 다하면 가는 것이지 계율까지 어기면서 더 살면 무엇하겠느냐."라는 말로 일언지하에 거절하셨다.

병이 깊어진 스님께서 대중을 떠나 암자에 계실 때, 암주스님은 지켜보기 안타까워 약으로 드시라며 바지락국을 상에 올렸다. 스님께서는 처음에는 받기를 거절하였다. 그럼에도 불구하고 계속해서 상을 차려 올리자 입술에 대는 시늉만 하고는 눈을 피해 텃밭에 조용히 묻어 버렸다. 그러기를 몇 번이나 하다가 어느 날 말없이 암자를 떠나 버렸다.

공양을 준비해 준 사람의 마음을 생각하니 차마 물리치지는 못하겠고, 그렇다고 평생 지켜 온 소신을 병으로 인해 덥석 뒤집고 싶지는 않으셨기에 그리하셨을 것이다. 혜원 스님이 남긴 가르침과 조금도 다를 바 없는 행적을 보이신 홍법 스님께서는 1978년 49세의 젊은 나이로 입적하셨다. 우리와 아주 가까운 시대를 사셨던 분의 이야기라서 그런지 혜원 스님 일화보다 더 가슴 뭉클하였다.

선배스님들 사이에 회자되던 일을 몇 마디 말씀으로 전해 들었으니 실제 상황은 다를 수 있겠지만 바지락국 놓인 밥상을 대하는 모습만 봐도 참 따스한 성품을 가진 분임을 알겠다. 또한 얼마나 철저하게 스스로를 단련하며 지행일치 하셨던 수행자인지도 단박에 느낄 수 있다. 굳이 아주 먼 옛날 중국으로 거슬러 갈 것도 없이 이 땅에서 같은 물과 공기를 마시며 살았던 한 수행자가 보여 준 '타인을 향한 따스한 배려'와 '자신과 타협하지 않는 칼칼함'이 그윽한 법향으로 솟아올라 40년 후 어느 후학의 마음에 등불로 살아나고 있음을 스님께서는 아실까? 스님에 대해 검색해 보니 비록 짧은 생을 살다 가셨지만 많은 이들의 기억 속에 참으로 '스님다운 스님'으로 살아 계심을 확인할 수 있었다. 스님과 같은 '수행자의 결기'를 지닌 출가자들이 절대 다수가 되는 세상을 발원하면서 향 사르고 한 잔의 차로 예경 올린다.

지혜와 복덕

복덕이 부족하면 아라한도 굶주린다

도선 율사의 『행사초』 「제잡요행편諸雜要行篇」에는 복덕과 지혜의 관점을 가지고 출가자가 의지해야 하는 긴요한 일들을 설명하고 있다. 간단히 살펴보자.

『대지도론』에서 "지혜는 해탈의 인이 되기 때문에 출가자는 주로 지혜를 닦고, 복덕은 즐거움의 인연이 되기 때문에 세속인은 주로 복덕을 닦아야 한다."라고 말한다. 출가자와 세속인은 복과 지혜를 다르게 닦는다. 이렇게 둘이 나눠지는 차이를 이치적으로 알아야 하고 서로의 공통점과 차이점도 알아야 한다. 그렇다고 복과 지혜 둘이 차이가 있어서 도속道俗이 다르게 수행해야 한다는 말은 아니다. 단지 세속은 얽힌 것이 많아서 고요한 정업을 지속시키기 어렵지만 도문道門은 번다함 없이 오롯하게 수승한 행을 닦을 수 있으므로 두 갈래로 나눈 것이다. 둘의 공통점에 의거하면 반드시 복과 지혜를 쌍으로 성취해야 한다.

『대지도론』 서품「방광석론」에는 복과 지혜를 편벽되게 수행한 두 형제의 일화가 있다.

어떤 이가 "악세에 태어나서도 좋은 음식을 얻는 사람이 있고, 부처님께서 계시는 시대에 태어났지만 기근에 시달리는 이가 있습니다. 죄인이라면 부처님 시대에는 태어나지 않아야 하고, 복 있는 이라면 악세에는 태어나지 않아야 하는 것 아닌가요? 그런데 실제로는 어째서 그렇지 않습니까?"라고 질문하자 논사는 다음과 같이 답한다.

"업보인연이 각각 다르기 때문이다. 어떤 사람이 부처님을 친견하는 인연은 있어도 음식을 얻을 인연은 없을 수 있고, 또 어떤 이는 음식 인연은 있어도 부처님을 친견할 인연은 없을 수 있다. 검은 뱀이 마니주를 안고 누워 있기도 하고, 아라한이 음식을 얻지 못하는 경우가 있는 것이다."라고 하면서 가섭부처님 시대에 있었던 두 형제에 관한 일화를 들려준다.

가섭부처님 때 두 형제가 도를 구하고자 출가하였다. 한 사람은 지계, 송경, 좌선을 열심히 했고, 한 사람은 단월들을 찾아다니면서 복업을 짓는 수행을 했다. 석가모니부처님께서 세상에 나셨을 때 한 사람은 장자의 집에 태어났고, 다른 한 사람은 흰 코끼리로 태어났는데 도적들을 물리칠 정도로 힘이 좋았다. 장자의 아들은 나중에 출가하여 도를 배우고 육신통을 얻은 아라한이 되었다. 그러나 복이 부족해서 음식을 얻기가 무척 어려웠다. 매일 발우를 들고 성 안으로 들어가 걸식했지만 항상 음식을 얻지 못하고 빈 발우로 돌아왔다.

아라한은 여느 때처럼 탁발하러 가다가 도중에 흰 코끼리가 있는 곳에 도착했다. 그 코끼리는 왕이 준 갖가지 풍족한 물건으로 치장하고 맛있는 음식을 먹으며 지내고 있었다. 아라한은 코끼리에게 다가가 말했다.

"나와 너, 우리 둘 다 죄가 있구나."

이 말은 들은 코끼리는 3일 동안 음식을 끊었다. 코끼리를 보살피는 이는 왕의 총애를 받는 코끼리가 갑자기 식음을 전폐하니 두려워서 아라한을 찾아가 물었다.

"도대체 왕의 코끼리에게 무슨 주문을 걸었습니까? 스님을 만난 이후로 음식을 먹지 않습니다."

아라한이 대답했다.

"그 코끼리는 과거 생에 내 동생이었소. 가섭부처님 시대에 함께 출가하여 수행을 했소. 나는 지계, 송경, 좌선은 열심히 했으나 보시를 하지 않은 반면에 동생은 단월들을 두루 찾아다니면서 각종 보시를 했지만 지계, 학문, 송경, 좌선 등의 수행을 소홀히 하였소. 그 과보로 동생은 코끼리로 태어났으나 음식과 각종 물질이 풍부하고, 나는 도 닦는 데 치중하고 보시를 하지 않은 까닭으로 출가하여 득도하였지만 늘 음식을 못 얻는다오."

도선 율사는 출가한 사람은 신계身戒와 심혜心慧를 근본으로 삼아야 하므로 경전, 불상, 사찰의 조성을 주업으로 삼아 근본을 소홀히 하고 우선순위를 헷갈리지 말라고 당부한다. 소위 삼장을 결집하고 연찬하여 불법이 멸하지 않도록 하는 것이 비구의 주된 의무이므로 복덕수행을 후순위에 두었지만 복덕의 자량이 없으면 수행에 장애가 많으므로 지혜와 복덕을 고르게 닦아야 한다고 강조한다.

구족계와 보살계를 대립시키는 오해

보살계 내세워 성문율 무시하는 풍조 경계해야

중국불교는 꽤 오랜 시간을 거쳐 율장에 근거한 갈마법에 의한 수계의식을 정비해 갔다. 그런데 광율이 번역되던 5세기 무렵에는 대승보살계 또한 하나의 큰 축으로 등장하게 된다. 보살계의 수계 방법은 계사로부터 받는 종타수법從他受法과 계사가 없을 때 서상瑞相을 통해 스스로 받는 자서수법自誓受法이 있다. 상서로운 상을 조건으로 하는 자서수법은 구족계와는 완전히 다른 방법으로서 얼핏 생각하기에는 상호 모순적으로 보이지만 중국불교에서 구족계와 보살계를 서로 대립하는 개념으로 파악한 적은 없는 것 같다.

남산율종을 세운 도선 율사가 성문율을 주로 연구하였으나 앞서 언급한 오의분통 정신에서도 나타나듯이 그의 계율관은 기본적으로 계체戒體를 심법心法으로 받아들이는 원교적 관점을 견지하고 있었다. 그는 『사분율산보수기갈마』에서 담무참이 번역한 『우바새계경』

(『善生經』)[59]을 자주 언급하면서 대승적 관점의 논지를 펼치고, 서상수계로 계체를 얻은 자장 율사와의 교류에서도 어떠한 비판도 보이지 않고 오히려 호법護法 대사로 존숭하는 모습이 『속고승전』에 나타난다. 그 외에도 중국에는 구족계를 받는 계단과 보살계를 받는 계단을 따로 분리해서 운영했다는 기록도 없고, 송대에 대승계단大乘戒壇이라는 용어가 등장하지만 남송의 지반志盤이 『불조통기佛祖統記』에서 "지금 따로 대승계단을 세운다는 것은 이른바 여러 지역에서 성문구족계를 받고 나중에 이곳에 와서 보살계를 증수增受하는 것을 말한다."라고 한 것으로 보아 남송시대에도 보살계는 구족계 다음에 오는 증수의 개념으로 실행되고 있었음을 알 수 있다. 명말 청초의 견월독체 율사가 저술한 『전계정범傳戒正範』에도 초단수사미계初壇授沙彌戒, 이단수비구계二壇授比丘戒, 삼단수보살계三壇授菩薩戒라고 하여 출가자는 구족계를 받은 후에 보살계를 받는 이중 구조로 되어 있다. 이런 점을 보면 도선 율사로부터 비롯되는 대소승 융화의 정신은 중국불교의 기본 계율관으로서 지속되고 있음을 알 수 있다.

신라불교 역시 초기부터 출가사문은 구족계를 받았고 대승보살계가 설해졌던 것으로 보이지만 이에 대한 기록은 원광 법사(555~638)에 이르러 나타난다. 계율을 중시한 자장 스님(590~658)이 도선 율사와의 교류를 거쳐 신라에 돌아와서 펼친 계율 홍양의 기록들로 미루

59 『우바새계경』은 재가의 6重 38失意罪를 설한 대승계경이다.

어 보건대 우리나라도 사분율에 의한 구족계 수계와 범망경보살계를 함께 받는 풍토가 확립되었고 오늘날까지 계승되고 있으니 한국불교의 계율 전통 역시 대소겸수라 하겠다. 이에 반해 대승계와 성문율의 대립 양상은 일본불교에서 시작되었다. 9세기 초 천태종의 개조인 사이쵸(最澄, 767~822)가 감진 화상(688~763)으로부터 시작된 동대사의 사분율 수계를 소승계라고 부정하면서 범망경으로 출가자를 만들고자 하였다. 그의 사후에 이 방식을 받아들이면서 일본불교는 구족계를 폐지하고 대승계만으로 정식 수계를 인정하면서 구족계와 보살계를 동시에 수지하는 동아시아불교 전통으로부터 일탈하였다. 이러한 일본불교의 입장은 지금의 한국불교에도 영향을 미치고 있어서 대승계와 성문율을 서로 상치하는 것으로 이해하는 출가자와 재가자들이 여전히 존재하고 있다.

대승보살계는 『해심밀경』, 『보살지지경』, 『보살선계경』, 『유가사지론』, 『대승장엄경론』 등의 유가계 경론에 기반한 유가보살계와 범망경보살계가 있다. 유가보살계는 섭율의계, 섭선법계, 섭중생계의 삼취정계 사상에 의해 섭율의계에 비구계, 비구니계, 식차마나계, 사미계, 사미니계, 우바새계, 우바이계 등 출가5중과 재가2중의 계를 모두 포함한다. 각자의 신분에 합당한 계를 미리 수지한 후 유가보살계를 받는 구조이다. 그래서 유가계본에는 범망경 10중계 가운데 살 · 도 · 음 · 망의 네 가지 중죄를 포함한 여섯 가지를 언급하지 않고 일곱 번째인 자찬훼타계自讚毁他戒부터 다루고 있다.

『범망경』에는 삼취정계에 대한 언급이 없지만 천태지의 대사가 『범망경보살계의소』를 쓰면서 유가계의 삼취정계 사상을 범망경 해석에 적극적으로 수용함으로써 중국불교는 범망계와 유가계의 교섭은 물론 섭율의계에 사분율을 포섭할 수 있는 길이 열렸다. 이러한 전통은 원효 스님의 『보살계본사기』와 『보살계본지범요기』, 법장 스님의 『범망경보살계본소』, 태현 스님의 『범망경고적기』, 승장 스님의 『범망경술기』 등에도 이어지고 있다.

원효 스님의 『보살계본사기』와 『보살계본지범요기』는 성문율과 유가계에 대한 깊은 이해를 바탕으로 섭중생계의 적극적인 실천을 이야기하고 있다. 그의 사분율장 이해가 상당했다는 사실은 20년 앞선 도선 율사의 『사분율행사초』를 자신의 저서에 매우 상세하게 인용하는 점에서 드러난다. 그는 율장에 대한 이해와 지계를 기본으로 하는 출가수행자적 관점을 견지하면서, 보살이 중요시하는 중생제도를 위해서 계상에 얽매이지 않는 적극적인 계율 실천을 강조하였다. 그러나 주의할 사항은 중생을 위한 범계의 조건에 대해서 매우 높은 기준을 요구한다는 사실이다. 살 · 도 · 음 · 망의 중죄를 범해도 파계가 아니라 복이 될 수 있는 보살의 경지는 '중생의 모든 근기를 파악하고 달통한 대보살'이라고 명확하게 제시한다. 따라서 보살계를 이유로 들면서 성문율을 무시하고, 중생제도라는 미명하에 크고 작은 범계를 가볍게 여기는 풍조는 경계되어야 한다.

중국은 명나라에 이르면 계율에 대한 인식이 심각한 지경에 이르게 된다. 이에 비통함을 느낀 고심여형(1541~1615) 율사는 계율 중흥의 서원을 세워 오대산 문수상 앞에서 기도하다 서상을 감득한 후 1614년 4월 1일부터 8일까지 오대산 성광영명사에서 천불대계[보살계]를 전수하는 수계법회를 가진 후 율종을 중흥시켰다. 우리나라도 조선에 이르러 계율이 희박해진 상황에서 19세기 초에 영광 도갑사의 대은낭오(1780~1841) 스님이 서상수계瑞祥受戒를 통해 끊겼던 계맥을 되살렸다는 기록이 있다. 대은 스님은 계학이 실전失傳 상태에 놓인 실정을 안타까워하며, 1826년 지리산 칠불암에서 스승 금담보명(1765~1848) 스님과 함께 기도를 한 끝에 서상수계를 실현했다. 금담 스님은 그 자리에서 "나는 오직 법을 위함이요, 사자師資의 서열에는 구애받지 않는다."라며 대은 스님을 전계사로 보살계와 비구계를 받고 함께 계율을 중흥시킨다. 그러나 서상수계를 통한 비구계 복원에 대해 일각에서 논란이 일자 1892년 만하승림 율사가 청나라로 건너가 법원사 계단에서 창도한파昌濤漢波 율사로부터 대소승계를 받고 계맥을 전수해 왔다. 만하 스님은 1897년 7월 15일에 양산 통도사에 계단을 설치하고 처음으로 수계법회를 가졌다. 이후 한국불교는 대은계맥과 만하계맥을 중심으로 현재까지 계법을 이어오고 있다. 참고로 중국의 창도한파 스님도 서상수계를 했던 고심여형의 후손이다.

오늘날 어떤 이는 구족계와 보살계를 상충하는 대립구도로 받아들이고, 어떤 이는 양립할 수 없으니 어느 한쪽을 택해야 한다고 주장하기도 한다. 심지어는 형식적 역할만 하는 사분율은 필요 없고 출가자도 십선계만 받으면 된다는 주장까지도 하는 이가 있다. 어쩌다가 이 지경까지 왔을까? 여러 이유가 있겠지만 출가자들의 계율 연구와 실천이 척박했던 것이 직접적 원인이고, 다수의 연구자들이 양자를 대립관계에 놓고 논지를 펼치는 오류가 반복된 것이 부수적 원인이 아닐까 생각한다. 중국이나 한국이나 마찬가지로 불법이 흐려졌을 때 서원을 굳게 세운 스님들이 목숨을 걸고 부처님이 남기신 계법을 중흥시킴으로써 불교가 되살아났다는 점을 기억하자.

별도로 짚어 보고 싶은 것은 한국불교에서 원효와 요석 공주의 일을 두고 파계破戒라는 말을 의심 없이 써 왔는데 이것이 타당할까라는 의문이다. 언제 누구로부터 이 표현이 비롯되었는지는 연구해 봐야겠지만 율장을 이해하고 있던 원효 스님이 상대방에게 '계를 내놓다'는 말만 해도 성립되는 여법한 환속 절차를 몰랐을 리가 없다고 생각된다. 환속한 이후로는 자신을 소성 거사라고 지칭한 것도 이러한 해석을 가능하게 한다. 한국불교가 척박한 계율 연구와 이해로 사계捨戒에 대한 인식조차 불충분했기에 세속적 입장에서 누군가 파계라고 규정한 이후 습관적으로 의심 없이 답습한 것은 아닐까라고 조심스레 추측해 본다.

불상이 만들어진 인연

여래를 뵙지 못한다면 필시 죽을 것 같소

도선 율사의 『행사초』에서 "『증일아함』에 따르면 구섬미국의 우전왕이 전단 나무로 불상을 만들었고, 코살라국의 파사익왕은 자금으로 불상을 조성했는데 두 불상의 크기가 5척이었다."[60]라는 문구를 보았다. 불상은 부처님 입멸하신 후에 만들어진 것이라고만 생각했는데 불상의 최초 연기가 『증일아함』에 언급되어 있는 것이다. 『대당서역기』 권5에도 유사한 내용이 있다.

이하에서는 『증일아함경』 권28 「청법품」의 내용을 정리해 본다.

이때 세존께서는 삼매에 들어 하늘세계로 가셨다. 인간세계의 중생들이 오랫동안 부처님을 뵐 수 없자 많은 사람들이 아난의 처소에 가서 말하였다.

---

60 『四分律刪繁補闕行事鈔』 卷3, T40, 133c23-24.

"여래께서는 지금 어디에 계십니까? 부처님 뵙기를 간절히 원합니다."

아난이 대답했다.

"우리들도 여래께서 계신 곳을 모릅니다."

며칠 후에 파사익왕과 우전왕이 아난의 처소에 찾아와서 또 물었다.

"여래께서 오늘은 계십니까?"

아난이 대답했다.

"대왕이시여! 저도 아직 여래가 계신 곳을 모릅니다."

두 국왕은 여래를 너무나 뵙고 싶어서 마침내 병이 들어 버렸다.

군신들이 우전왕의 처소에 병문안을 와서 말하였다.

"병환은 좀 어떠십니까?"

왕이 대답했다.

"내가 지금 걱정이 있어서 병이 들었소."

군신이 물었다.

"왕께서 대체 무슨 근심으로 이리 병환까지 드셨단 말입니까?"

왕이 말했다.

"너무 오랫동안 여래를 뵙지 못했기 때문이오. 계속 이리 부처님을 뵙지 못하면 내가 필시 죽을 것 같소."

신하들은 함께 고민을 했다.

"대체 어떤 방편을 써야 왕께서 돌아가시지 않게 할까? 우리가 여래의 형상을 만들어서 왕께 보여드리자."

그러고는 왕에게 사뢰었다.

"저희들이 부처님의 형상을 만들면, 부처님께 하듯이 공경하고 예경을 올릴 수 있습니다."

이 말은 들은 왕은 뛸 듯이 기뻐하며 대신들에게 말했다.

"정말로 멋진 생각이오! 경들이 하는 말이 참으로 훌륭하오."

신하들이 다시 물었다.

"그럼 어떤 보배로 여래의 형상을 만들까요?"

왕은 직접 칙사를 시켜 나라 안에서 가장 기술이 뛰어난 장인에게 이 소식을 알렸다.

"내가 지금 가장 좋은 나무로 부처님 형상을 만들고자 한다."

장인이 대답했다.

"그리하겠습니다. 대왕님!"

이렇게 하여 우두전단향 나무로 빚은 여래의 형상이 나왔고 높이가 5척이었다.

파사익왕은 우전왕이 5척 높이의 부처님 형상을 만들어 공양 올렸다는 소식을 듣고 자신도 나라에서 가장 훌륭한 장인을 불러서 말했다.

"내가 지금 여래의 형상을 조각하려 한다. 그대는 지금 당장 만들라."

파사익왕은 그렇게 말하고는 다시 이런 생각이 들었다. '어떤 보물을 사용해서 여래의 형상을 만들어야 할까? 여래의 형체는 마치 천금처럼 황색이니까 금으로 만들어야겠다.' 그래서 왕은 순수 자마금으로 5척 높이의 여래상을 만들었다. 이렇게 해서 염부제 내에 최초로 여래의 형상이 만들어졌다.

『사분율』의 「잡건도」에는 구섬미국의 우전왕과 관련된 재미있는 이야기가 등장한다. 왕이 빈두루 존자를 가까이하면서 불법을 배우자 이를 시기한 바라문들이 "왕은 빈두루 존자에게 예를 하는데 어떻게 존자는 왕에게 예경을 안 하느냐."라며 비방했다. 이 소리에 마음이 흔들린 왕은 존자를 살해하려는 마음을 먹었는데 그 이후로 엄청난 고난을 겪게 된 이야기다. 부처님을 못 뵈었다고 병이 나서 곧 죽을 것 같다는 대목에 이르러 설마 그 정도였을까 싶었는데 그가 남의 나라에 포로로 가서 7년 동안 고생하다 탈출하고 나중에 불법에 대한 믿음과 공경심을 가진 신실한 호법왕이 되었으니 그럴 수 있을 것 같다.

여래시여,
당신 뵙기를
간절히
바랍니다.

우타연憂陀延[61]왕의 인생유전

율장은 재미있고 풍부한 이야기 창고

율장이 '무엇을 하지 말라.'는 재미없고 건조한 이야기만 다룬다고 생각한다면 오해다. 『사분율』 권53 「잡건도」에는 출가자에게 세속인의 편지 심부름을 하지 말라는 계율 조항이 생기게 된 인연이 언급되어 있는데 그 주인공이 우타연憂陀延왕이다. 그가 한순간 마음을 잘못 먹음으로써 겪게 되는 인생유전 7년 이야기는 단편영화 한 편의 줄거리가 될 정도로 드라마틱하다. 율장이 풍부한 이야기 창고임을 알 수 있는 부분이므로 옮겨 본다.

세존께서 구섬미국에 계실 때 왕은 빈두루 존자와 가까운 사이였다. 왕이 아침저녁으로 찾아가 문안을 올리자 이를 시기하던 바라문 대신이 어느 날 왕에게 말했다.

---

61 『四分律名義標釋』 卷7, X44, 453c12-14. 우전왕을 말한다.

"대왕께서는 어째서 조석으로 문신을 가십니까? 하천한 계급인 그는 왕을 보고 일어나지도 않는데 말입니다."

왕은 이 말을 듣자 마음이 흔들려서 다음과 같이 말했다.

"내일 아침에 내가 다시 갈 것이다. 그때도 일어나서 맞이하지 않으면 그의 목숨을 끊어 버릴 것이다."

다음 날 아침 빈두루 존자는 멀리서 왕이 오는 것을 보고 생각했다. '왕이 지금 악심을 품고 오고 있구나. 만약 내가 일어나지 않으면 목숨을 빼앗을 것이고 일어나서 맞이하면 왕위를 잃게 될 것이다. 내가 일어나지 않으면 내 목숨을 뺏은 과보로 지옥에 떨어질 텐데 어이할꼬! 지옥에 떨어지게 놔 둬야 하나? 왕위를 잃게 해야 하나?' 한참 고민을 한 후에 '차라리 왕위를 잃어버리도록 두는 것이 낫지 지옥에 떨어지게 할 수는 없다.'고 결심하고는 곧장 자리에서 일어나 몇 발자국 걸어가 먼저 인사를 건넸다.

"잘 오셨습니다. 대왕이시여!"

"오늘은 어째서 평소와 달리 일어나서 나를 맞이하는가?"

"왕을 위해서 일어났습니다."

"그럼 어제는 어째서 일어나지 않았는가?"

"역시 왕을 위해서였습니다."

"어째서 나를 위함인가?"

"왕께서 어제는 선한 마음을 지니고 왔는데 오늘은 악심을 품고 왔기 때문입니다. 만약 제가 일어나지 않으면 살인을 한 과보로 지옥에 떨어지게 되니, 차라리 왕위를 잃어버리게 둘지언정 지옥에 떨어지게 할 수는 없어서 일어났습니다."

"내가 왕위를 잃어버린다고?"

"네, 7일 후에 왕위를 잃을 것입니다."

왕은 구섬미국으로 돌아가서 성곽을 더욱 튼튼하게 쌓고, 비상식량과 땔감을 준비하고, 경비를 더욱 철저하게 하라고 명을 내렸다. 하루 지날 때마다 날짜를 세다가 7일째가 되어도 아무 일이 없자 왕은 "사문이 헛소리를 하였구나."라고 말하고는 마음 놓고 궁녀들과 뱃놀이를 나갔다.

그때 위선국은 7년 동안 가뭄이 계속되었다. 국왕은 마갈타국 병사왕에게 비를 내리게 하는 구슬이 있다는 소문을 듣고 그 구슬을 가지면 가뭄을 해결할 수 있으리라 생각하고는 군대를 이끌고 왕사성으로 가서 성을 포위하였다. 성이 아주 견고하여 갖은 방편으로도 무너지지 않았지만 성 안의 물과 곡식이 고갈되면 항복할 것이라 믿고 계속 버티었다.

성 안의 몇몇 지혜로운 대신들이 대나무와 갈대를 연못에 꽂아서 연꽃의 구멍 위로 대나무가 올라오게 하였다. 한 대신이 병사왕에게 말했다.

"왕사성은 견고하여 저들이 어떤 방편으로도 이기지 못할 것이나 물과 음식이 고갈되면 우리가 집니다. 칙사를 보내 위선국의 파라수제왕波羅殊提王한테 '지금이라도 그만둡시다. 싸우지 맙시다. 그대가 갖가지 병력으로 싸울 수 있듯이 나도 갖가지 병력으로 싸울 수 있소. 그대가 밥을 뭉쳐 던지는 방식으로 싸운다면 나 역시 밥을 뭉쳐 던지는 방식을 쓸 수 있소.'라고 말하는 것이 좋겠습니다."

왕은 칙사를 보내 대신이 말한 그대로 전했다. 파라수제왕은 '왕사성이 물과 음식이 고갈되면 얻을 수 있을 줄 알았는데, 성 안에 물과 음식이 풍부하구나.'라는 생각이 들어 말했다.

"왕사성이 탐나서 온 것이 아니라, 7년 동안 계속되는 가뭄 때문에 당신 나라에 물을 만드는 구슬이 있다는 소식을 듣고 온 것이오."

칙사가 대답했다.

"대왕이시여! 어째서 처음부터 구슬이 필요하다고 말씀하지 않으셨습니까? 만약 말씀만 하셨다면 우리는 당연히 주었을 겁니다. 왕께서는 돌아가 계십시오. 곧 구슬을 보내드리겠습니다."

왕이 구슬을 얻어 돌아가는 길에 구섬미국을 지나다가 우타연왕이 궁녀들과 배 위에서 노는 웃음소리를 듣고 대신에게 물었다.

"저 웃음소리의 주인은 누구냐?"

대신이 답했다.

"대왕께서는 모르십니까? 우타연왕이 궁녀들과 뱃놀이하는 소리입니다."

왕은 옆에 있는 대신들에게 소리를 내지 말라고 시키고, 코끼리 한 마리를 갠지스 강변에 풀어 놓고, 그 뒤에 제일 뛰어난 코끼리 조련사를 숨겨서 함께 보냈다.

그때 우타연왕의 대신이 흰 코끼리가 나타난 것을 보고 왕에게 말했다.

"야생 코끼리가 있습니다."

왕은 사람을 시켜서 소리 나지 않게 조용히 가서 배가 있는 근처 해안으로 몰아오라고 했다. 왕은 코끼리를 조복시키는 기술이 아주 뛰어났기 때문에 코끼리가 해안 가까이 오자 혼자 나가서 곧바로 악기를 타면서 주술로 포획하였다. 그때 코끼리 뒤에 숨어 있던 병사가 왕을 붙잡자 공포에 휩싸였다.

병사가 말했다.

"왕께서는 두려워 마십시오. 파라수제왕께서 대왕을 보고 싶어하십니다."

왕은 공포에 떨면서 '파라수제왕이 나를 죽이지 않으면 시종으로 삼겠지.'라는 생각을 하는 사이에 파라수제왕 앞에 도착했다. 파라수제왕이 말했다.

"두려워하지 마시오. 그대가 나의 아들들에게 코끼리 다루는 기술을 좀 가르쳐 주고, 딸에게는 악기 다루는 법을 좀 알려 줬으면 하오."

우타연왕은 위선국에 가서 7년 동안 거동이 제한된 채 왕자에게는 코끼리 다루는 기술을, 공주에게는 악기 다루는 기술을 가르쳤다.

시간이 흐르자 왕은 공주와 정이 들었다. 왕자는 이 사실을 알았지만 '만약 아버지께 말씀드리면 우타연왕은 목숨을 잃을 것이다. 그는 고생을 마다 않고 나를 가르친 스승이다. 내 여동생은 공주고 그는 왕이니 둘이 서로 좋아해도 격이 떨어지지 않는다.'고 생각하고 아무에게도 말하지 않았다.

우타연왕은 도망을 가려고 암코끼리에게 빨리 달리는 훈련을 시켰다. 이것을 본 왕자는 '왕이 반드시 탈출하겠구나. 만약 아버지께 이 사실을 알리면 그의 목숨을 빼앗을 것이다. 그는 나의 스승이다.'라고 생각하고 누구에게도 그 일을 말하지 않았다.

왕은 공주를 코끼리에 태우고 도망쳐서 자기 나라로 돌아와서 왕비에게 말했다.

"내가 포로로 잡혀 있을 때 서원한 것이 있소. '내가 풀려나면 반드시 여덟 명의 바라문들에게 필요한 일체 모든 것을 구족하게 해 주리라.'고 말이오. 이제 그 일을 하려고 하니 준비합시다."

부인이 말했다.

“만약 그렇게 하려면 코끼리, 말, 전차, 금, 은, 칠보는 물론 저까지 전부를 다 한 사람에게 주어도 그들은 만족할 줄 모릅니다.”

왕은 말했다.

“그러면 어떻게 해야 하오?”

부인이 대답했다.

“마하가전연도 대바라문의 종족입니다. 지금 가전연과 바라문족 출신의 비구 일곱 명을 청해 왕이 공양하고 싶은 공양을 올리면 됩니다. 그들의 법은 왕이 주어도 어떤 것이든 받지 않습니다.”

왕이 말했다.

“그럽시다.”

우타연왕이 가전연의 발에 예경하고 한쪽에 앉자 가전연은 갖가지 방편으로 법을 설하였다. 왕이 환희심이 가득 차서 말했다.

“내일 여덟 분의 사문께 공양청을 올리고 싶습니다.”

가전연이 침묵으로 수락하자 왕은 기쁜 마음으로 돌아가 갖가지 맛있는 음식을 준비하였다. 다음 날 해가 밝자 가전연은 가사를 수하고 발우를 들고 다른 비구들과 함께 왕의 궁전에 도착하여 자리를 잡고 앉았다. 진수성찬을 먹고 난 후 왕은 금병에 물을 담고 코끼리, 말, 전차, 각종 금은보화 등을 보시하였다. 그러자 가전연이 말했다.

"우리는 음식 공양으로 충분합니다. 다른 공양은 받을 수 없습니다."

왕은 가전연의 발에 예경을 올리고 난 후 아랫자리에 앉았다. 가전연이 왕을 위해 갖가지 법문을 설하자 왕은 더욱 크게 환희심이 일고 불법에 대한 깊은 신심을 가지게 되었다.

위의 이야기를 읽으면서 신앙적 측면에서든 수행적 측면에서든 견딜 수 없는 고난을 겪어 봐야 한 단계 성장하는 것 아닐까 하는 생각이 들었다. 우타연왕이 빈두루 존자를 가까이했던 마음이 신하의 이간에 흔들린 것처럼, 불법에 갓 들어와 신심도 생기고 절에서 배우는 모든 것이 즐겁게 느껴져도 일상은 여전히 반복되는 나태와 잦은 시간 낭비로 흘러갈 때가 많다. 고통을 한바탕 겪어야 비로소 불제자임이 감사하고 매 순간의 소중함이 뼈에 사무치며 해태하지 않고 정진하지 않을까 싶다. 이것은 나약한 자신에게 던지는 경책의 말이다.

작고 귀찮은 것들 예찬[62]

부처님 제자라면 자신과 타인의 시선에 모두 깨끗해야

전 지구를 강타한 이례적인 바이러스 감염증으로 우리 삶이 완전히 달라졌다. 감염자와 의료진은 물론이거니와 그들의 가족과 소규모 자영업자들이 겪는 경제적 고통이 심각한 수준을 넘어섰고, 사회 인프라 전반에 미치는 보이지 않는 손실과 어려움은 체감할 수 있는 수준 이상이다. 그나마 우리나라는 정부의 주도적인 방역 시스템과 국민들의 적극적 협조로 집단적 공포감을 느끼는 최악의 상황은 아니지만 어렵게 삶이 지속되고 있다. 일 년 남짓 계속되는 팬데믹 과정에서 전문가들은 가장 안전한 대응방법으로 마스크 착용과 손 씻기를 강조한다. 그간 인류가 축적해 온 엄청난 의학적 발전으로도 검증된 안전한 백신을 개발했다는 소식이 들리지 않는 상황에서 가장 안전한 대책이 마스크 착용과 손 씻기라는 사실은 작고 귀찮은

62 2021년에 작성한 글이다.

일에 충실한 것이 얼마나 중요한가에 대한 시사를 제공한다.

너무 복잡하게 얽혀서 도저히 풀 수 없을 것 같은 문제에 직면하거나 걱정과 근심으로 가득한 현실일수록 기본에 충실해야 이겨낼 가능성이 크다. 종교의 영역도 예외가 아니라고 생각한다. 다원화된 현대사회에서 종교적 가치와 필요성이 희박해지고 종교인의 존재와 역할에 대한 기대치도 낮아지고 있다. 한국불교는 이러한 변화의 와중에 다른 종교보다 더 빠른 속도로 축소되고 있다. 그러다 보니 종단에서는 포교 활성화라는 슬로건 아래 여러 대책을 세우면서 고민하고 있지만 별다른 해법이 있어 보이지 않는다. 이런 시대일수록 기본에 충실해야 하는데 불교적 측면에서 기본은 과연 무엇일까?

필자가 생각하는 기본은 청정승가이고 이것을 구현해 낼 수 있는 강력한 마스크는 승가와 구성원들이 부처님으로부터 시작된 계율에 대한 인식을 바로잡는 데서부터 시작한다고 생각한다. 수행자는 자신이 받은 구족계의 내용과 목적 및 역할에 대해 일단 잘 알아야 한다. 그다음으로는 계목의 실천과 갈마법의 실행이 승가공동체 안에서 현실화되어야 한다. 스님들의 언행이나 위의가 자신들과 별반 다를 바 없고, 말로는 법을 설하지만 행위는 법에 어긋나고, 금권과 이양을 중시하며, 언행불일치나 일관성 없는 이중잣대, 위선 등을 보게 되면 사람들은 승가를 비난하며 심지어는 불교 자체를 외면한다. 이렇게 부정적 범주를 표준으로 세우면 내가 그렇게 살고 있다고 수

공할 사람은 아무도 없을 것 같다. 그럼 수행자가 어떤 모습일 때 사람들은 부처님과 법을 존중하고 승가를 공경하게 될까?

살면서 느끼건대 사람들은 스님들이 대단한 도를 이루었다거나 혹은 나중에 큰 도업을 성취할 것이라는 믿음 때문에 승가를 공경하는 것 같지는 않다. 삭발염의한 소박한 모습으로 신새벽에 깨어 삼보에 예경 올리며 하루를 시작하고, 시간과 때에 맞게 먹고, 자신을 위해서는 적게 가지고, 남에게는 많이 베풀며, 소욕지족하고, 욕망을 자제하고, 상대방의 귀천을 따지지 않고 따스하고 너그럽게 대하며, 윤리적 일관성을 지키며 살아갈 때 사람들은 귀하게 여기는 마음을 일으킨다.

재가불자들 역시 작고 귀찮은 것들의 실천으로 주변에 긍정적 영향을 미칠 수 있어야 한다. 법을 꾸준히 훈습하고, 각자 받은 계를 지키고, 그렇지 못했을 경우 진실하게 참회하면서 향상일로向上一路하는 모습을 보일 때 가족과 이웃들로부터 존경받게 된다. 가까운 가족이나 동료들이 우리들에게서 흘러나오는 자비와 배려를 느끼도록 일상을 살아야 한다. 부처님께서 가르치신 교법에 어긋나지 않게 삼업이 작동하는지 확인하고 참회하면서 인간적 품격을 높여 가다 보면 일심一心과 국토國土가 조금씩 청정해질 것이다. 출가 · 재가 모두 이런 기본을 잘 지키면서 서로 격려하고 함께 정진하면 삶의 질은 향상되고 불교적 가치도 발현된다. 승단은 참회와 포살 및 갈마를 함으로써 승가 고유의 전통 가치를 실천하고, 수행정진을 잘할 때 법의 전달자로서 역할을 제대로 할 수 있다. 그러한 승가를 보호하고 지원하는 재가불자 역시 동반자적 역할을 통해 부처님의 가르침을 실천하게 된다.

세주 묘엄 명사 스님께서는 초학자들에게 이렇게 말씀하셨다.

“특히 수행 초기에는 스스로나 타인의 시선에 모두 깨끗해야 한다. 어떠한 경우라도 혐오감이나 의심을 품게 해서는 안 되며 그럴 만 한 일은 아예 하지 않는 것이 좋다. 살구나무 아래에서 갓끈 매지 말고 참외밭에서 신발 끈을 묶지 말라는 세속 속담도 있다. 그렇기 때문에 계율에 대한 습관화가 필요하다. 신사도를 익히면 몸에 배는 것같이 마음의 수행도 잘하여 습관을 들이는 것이 계율이다.

계행은 자기 단속이다. 무릇 부처님 제자라면 계율을 스승으로 삼아 닦고 배워야 할 것이다. 계를 가지는 지계持戒는 먼 나라의 얘기가 아니다. 계를 잘 지키는 가장 쉬운 방법으로는 정진하고 기도하고 염불하고 참선하는 것이 최선이다. 그렇게 하는 사람이 어찌 죽일 마음이 있으며 또 어찌 고기 먹고 싶은 마음이 생길 수 있겠는가. 다만 자기 수행에 골몰함으로써 도달할 수 있기에, 정진하는 사람에게는 계를 지킨다는 생각조차 할 필요 없이 저절로 모든 것이 다 지켜져야 된다는 것이다. 우리가 지계로 습을 들이는 것은 다른 생각 없이 오로지 정진을 잘하는 것밖에 없다. 정진을 잘함으로써 팔만사천의 계가 다 지켜지는 것이다. 그렇지 않고 계행을 지키겠다 함은 파계가 되는 것이니 계행을 잘 지켜 나가는 방법은 정진 잘하고 중노릇 잘하고 대자대비의 마음을 기르는 것뿐이다.”

출가자의 정체성

계율 소홀히 한 사람치고 전등록에 오른 이 없어

사분율장을 배우면서 율장 속에 드러난 이상적 승가의 모습과 현실에서 작동하는 승가의 모습 사이에서 느껴지는 괴리감과 출가수행자로서의 정체성에 대한 고민과 갈등에 직면했던 기억이 떠오른다. 현실을 이해하기 위해 한국불교의 과거와 현재에 대한 의문과 관심이 깊어졌고 다른 나라의 불교에 대한 궁금증도 일었다. 율장에 의거하여 수행하는 도량이 대만에 있다는 것을 알고 의덕사에 갔다. 6개월 정도 머물면서 하안거와 구족계 수계산림만 보고 돌아오려던 계획이 6년으로 바뀐 것은 그곳에서 생활하면서 출가자의 정체성이 율장에 대한 올바른 이해와 실천을 기반으로 한다는 믿음을 얻었기 때문이다.

법은 누구나 배울 수 있고 수행도 각자의 상황에 맞춰 누구나 할 수 있지만 오직 승가에만 독점적으로 적용되는 율장은 승가와 출가자의 정체성을 제시하는 유일한 잣대이다. 독신 수행승 중심의 조계종단은 나름대로 체계적인 시스템을 구축해 가면서 출가자의 삶과 승단 운영을 직접적으로 관리하고 있다. 원리적으로 보면 스님들의 존재양식과 의식주 생활을 규정하는 것들은 사분율장, 청규, 대한불교조계종의 종헌종법과 규칙, 그리고 소속 사찰의 내부 규정 등 복합적으로 구성되어 있다. 그러나 스님들의 생활에 가장 큰 영향을 끼치는 것은 종헌종법과 규칙이다. 문제는 종헌종법에 삼권분립에 입각한 민주주의 조직 운영과 관리 방식이 강하게 반영되어 있는 반면, 부처님께서 청정승가와 출가자의 표준으로 정해 둔 율장의 승가 운영방식과 출가자의 생활 기준을 미미하게 담고 있고 때론 율장정신에 어긋나는 내용들도 포함하고 있다는 사실이다.

조계종 단일계단 설립 40년의 역사를 자랑스럽게 말하지만 속을 들여다보면 율장은 여전히 구족계를 위한 통과의례로 쓰일 뿐 수계 이후 학계學戒와 지계持戒의 단계까지 넘어가지 못하고 있다. 그러니 수행과 교화의 과정에서 직접적인 행동 원리로 사용되지 못하는 현실이다. 율장이 지닌 효용과 가치는 율 조문의 학습에 있지 않다. 승가와 구성원이 전체로서 지켜야 할 바와 개인으로서 지켜야 할 바를 현실에서 적극적으로 실행하고 사용할 때 가치가 드러난다. 계목 발생 원인과 다양한 함의들을 현대 승가공동체가 어떻게 구현해 낼 것인가에 대한 고민들도 충분히 이뤄지지 않고 있다. 율장을 기반으로 하여 출가의 정체성이 제대로 확립되지 않으면 수행의 긴 여정에서 부딪치는 혼란을 피할 수 없다.

수많은 법이 만들어지지만 어떤 법도 만들어진 첫 모습 그대로 적용될 수 없으므로 해석이 중요하듯 율장 또한 마찬가지다. 승가의 내부 구성원들이 지켜야 할 계율의 내용과 방법이 무엇인지에 대한 학습과 논의, '계율을 잘 지킨다는 것은 무엇을 어떻게 해야 한다는 것인가.'에 대한 구체적이고 진지한 담론이 종단 차원에서 지금까지 이뤄지지 않았는데 이는 승가가 통렬히 반성해야 할 부분이다. 더 늦지 않게 시작해야 한다. 승가 내부에서 율장을 재해석하고 적용할 수 있는 스님들을 많이 육성해야 한다. 시대를 불문하고 엄격히 지켜야 할 중요 계목과, 정신은 지키되 문화적 · 지역적 특수성을 반영하여 변용시켜야 할 항목을 규정하는 작업이 전문가 스님들에 의해 이뤄져야 한다. 이러한 과정을 거치지 않고 종헌종법과 규칙만으로 승가공동체를 규제하고 관리하려 든다면 청정한 화합 승가를 구현하는 일은 요원하고 세속적 권력과 힘이 지배하는 또 다른 형태의 기이한 조직이 등장할 것이다.

특정 수행법에 집중하거나 포교 위주로 움직이는 단위 사찰에서 율장의 규정들을 얼마나 지킬 수 있는지는 상황마다 다르므로 일률적 수준으로 지계를 요구할 수 없다. 모든 출가자가 율장의 규정대로 살기 어렵고 그렇게 살 수도 없는 환경이라 해도 종단 차원에서 일정 수의 전문가를 양성해서 활용하지 않는다면 승가 전체의 청정성을 유지해 나가기란 어렵다. 적어도 단 몇 곳이라도 계율을 수행의 중심에 놓고 철저하게 율답게 생활하는 사찰이 존재해야 승단의 자정이 가능해진다. 소수의 인원들이라도 계율을 수행의 중심에 두고 생활하는 모범적 승단의 존재를 통해 종단 전체에 영향을 미치는 지계 가이드라인을 제시하고, 재가불자들을 대상으로 지계 수행의 실천적 지침들을 제시하고 선도하는 역할을 할 수 있게 만들어야 한다.

한국불교의 선불교 전통은 복잡한 현대인들에게 여전히 매력적이고 강력한 수행 방식이다. 다만 우리 사회가 정의를 중시하고 결과보다 과정을 중시하는 구조로 바뀌면서 수행자를 바라보는 일반인들의 시선도 깨달음의 결과보다는 그 길로 가는 과정에 대한 평가 비중이 높아졌기에 출가자의 위의와 행동을 제어하는 계율의 역할은 중시되어야 한다. 그러나 한국승가의 계율 연구는 여전히 느리기만 하고 재가불자의 삶에도 큰 영향을 미치지 못하는 현실이다. 이러한 문제를 올바로 인식하는 승가 구성원이 많아지기를 바라면서 부족한 글을 썼다. 초학자의 선한 마음에서 비롯된 여정에 혹 잘못이 있었다면 참회하면서 독자 여러분들께 감사드린다.

마지막으로 세주 묘엄 스님께서 생전에 하셨던 말씀을 공유한다.

"계율을 함부로 하는 사람치고 『전등록』에 올라간 이가 없다."

글을 마치며

계학의 기반 없이는 어떤 수행법도 견고할 수 없어

부처님께서 성도하신 후 제자들이 모이고 승단이 커지면서 많은 문제들이 발생했다. 이런 문제들을 해결하는 과정과 해법을 담고 있는 율장은 출가사문이 갖춰야 할 내외적 자격 요건을 상세히 다루고 있다. 개인의 수행과 도덕적이고 윤리적인 삶의 모습, 그리고 중생의 이익을 위한 대사회적 역할뿐만 아니라 승가 전체의 화합과 청정을 유지하기 위한 다양한 장치들이 모두 들어 있다.

율장에 근거한 삶의 영위는 개인과 승단이 번뇌를 줄이고 청정을 유지함으로써 생사해탈이라는 불교수행 본래의 목적을 달성하도록 하고 사회가 더 나은 방향으로 나아갈 수 있도록 도움을 준다. 계율은 수행자를 보호하는 가장 안전한 울타리이며, 어둠을 헤치고 앞으로 나아갈 수 있게 하는 등불이며, 험난한 바다를 건너게 하는 나침반이다.

우리가 출가하여 수행하는 목적은 생사해탈에 있다. 생사해탈은 계학의 사다리를 건너 정혜의 쌍수를 통해서 도달할 수 있다. 진정한 수행자에게 삼학은 분리되어 있지 않고 언제 어디서나 동시에 작동하지만, 초학자에게는 어쩔 수 없이 삼학의 차제가 중요하다. 계학의 튼튼한 기반 없이는 어떤 수행법도 견고할 수 없다. 수행의 긴 여정에서 계학의 기반이 없는 선정과 지혜는 사견에 빠지기 쉽고 종국에는 해탈열반의 길에서도 이탈하게 된다.

그러나 성문율의 계 조목에 치중하면 신업과 구업으로 표현되는 행위들을 강조하는 특성상 작고 세세한 것에 얽매이기 쉽다. 마음의 근원을 깨달아 부처가 되고 중생을 제도하겠다는 대승보살의 대원력과 실천이 없으면 초학자는 계목을 지키기 위한 계율에 갇혀 버릴 위험이 있다. 그렇게 되면 계율은 정체되고 심지어는 계금취견에 떨어져 정학과 혜학으로는 한 발자국도 나아가지 못하게 된다. 아마도 이런 이유 때문에 선수행의 요체를 담은『능가경』에서 삼학의 차제를 계학에서 시작하지 않고 정학 - 계학 - 혜학의 순으로 관점을 달리하는 것은 아닐까 하는 생각도 든다.

한국불교가 겪어 온 역사적 인연이 선종, 특히 간화선 중심으로 획일화되다 보니 신업과 구업을 둘러싼 상相을 위주로 다루는 율장에 대한 관심은 아쉽게도 많이 부족했다. 선종의 출발선상에는 율장에 대한 깊은 이해를 바탕으로 선원청규를 만든 선사들의 다각적 노력이 있었으나 후대에 이르러서는 선원청규가 율장의 정신을 최대한 지키고자 노력한 산고의 결과물이라는 사실이 희미해졌다. 선종 사찰에서 청규에 의한 생활이 보편적 일상이 되어 버린 후로는 율장의 정신이나 의의를 탐구할 필요성도 없어져 버렸다. 그렇게 세월이 흘러 오면서 모호해진 상태로 지계정신이 쇠약해지다가 일제 강점기를 거치면서 최하의 정점을 찍었다. 광복을 맞았지만 불교적 가치와 수행 방식에 일본불교가 남긴 상처는 매우 깊었다.

현대사를 살펴보면 정학과 혜학의 역량이 표출된 시기에 많은 선지식들이 등장했다. 그분들은 굳이 율장에 대한 강조를 하지 않더라도 승단의 생활 속에 뿌리내린 지계정신과 도업을 이루겠다는 강한 의지로 자신을 분발시켰고 승단은 칼 같은 위엄으로 스스로를 바로 세우려 노력했다. 그런데 어느 순간에 이르러 심약했던 '계학'의 기초에 균열이 가기 시작했고 급기야 정학과 혜학의 두 기둥마저 흔들리면서 도업을 성취한 수행자는 산속 깊이 자취를 감추었다. 몸은 출가하였으나 마음은 출세간과 세간의 경계선에서 헤매는 현상이 발생하게 된다.

그러나 바꾸어 생각하면 실참과 마음의 깨침을 중요시하는 수행 전통을 오랫동안 집적해 왔기 때문에 소홀해진 계학의 기초만 보수한다면 어느 불교보다 큰 역량을 발휘할 수 있다. 지금이라도 출가자들이 부처님께서 율장을 만드신 목적과 이유를 이해하여 지계청정의 필요성을 인식하고, 십구의十句義 정신에 의거하여 자신이 처한 상황에 맞게 계율을 지키면서 생활하고, 총림은 청규정신을 강화하고, 개별 사찰 단위로 율장에 시설된 여법여율한 승단운영 방식을 활용하는 풍토가 조성되기만 하면 수행의 목적을 성취하고 중생구제의 이타적 삶을 실천하는 수행자가 쏟아질 것이다.

하지만 오늘날 출가자들까지도 여하한 인연으로 율원에서 공부하지 않는 한 율장을 펼쳐 볼 기회가 거의 없다. 드물게 혼자서 열람하는 이도 있겠으나 독학으로 지계청정의 의미를 확실하게 이해하고, 금계에 대한 폐쇄적 해석이나 집착심 없이 일상생활에서 실천할 수 있는 가능성은 낮다. 율원에서 공부한다 해도 2년이라는 짧은 기간 동안 그 속에 들어 있는 부처님의 다양한 가르침과 수행 주제들, 그리고 윤리적 기준들에 대한 깊이 있는 이해와 체화도 물론 쉽지 않다. 게다가 실천을 생명으로 하는 율장의 바라제목차와 갈마법이 승가의 실생활에 적용되지 않는다면 현실과 이상의 괴리만 깊어져 고뇌를 일으킨다.

『한비자』에 이르기를, 제나라 왕이 화공에게 세상에서 제일 그리기 어려운 것이 무엇이냐고 묻자 화공은 개나 말을 그리기가 가장 어려운데 이유는 사람들이 누구나 그 모습을 알고 있기 때문이라고 답했다. 그렇다면 어떤 것을 그리기가 가장 쉬운가 하고 왕이 다시 물으니, 귀신이나 도깨비를 그리기가 제일 쉬운데 이유는 눈앞에 보이지 않는 존재라서 어떻게 그려도 누구도 시비를 따질 수 없기 때문이라고 답했다.

도선 율사는 『행사초』 서문에서 말하기를, 실체가 없는 것은 소리와 형상으로 드러내기 쉽고 실체가 있는 일은 처리하기 어려운데 결백이 바로 드러나기 때문[1]이라고 했다. 이 말은 무상의 도리는 숨어 있으므로 말하기 쉽고, 율의는 실행 여부가 곧바로 드러나므로 오히려 말하기 어렵다는 의미다. 무상, 공, 무아의 도리는 눈에 보이지 않는 것이므로 각자 이해한 만큼 다르게 말해도 듣는 입장에서는 옳고 그름을 따지지 않는다. 공의 도리를 말하는 이가 공성을 직접 체득하고 그 말을 하는지의 여부도 중요하지 않다.

---

1 『四分律刪繁補闕行事鈔』 卷1, T40, 1a13-14.

그러나 계율과 위의는 행위의 결백이 쉽게 드러난다. 듣는 입장에서는 말하는 자의 언행일치 여부를 먼저 따지기 때문이다. 마치 개나 말 그림을 보면 누구나 한마디씩 그에 대한 평가를 할 수 있듯이 겉으로 드러나는 위의나 갈마를 통한 승단의 일처리가 법답지 않게 되면 누구나 잘못을 찾아낼 수 있다. 계를 지키지 않고 불선한 행위를 한다면 표면상 드러나므로 시비를 판단하기 쉽다. 따라서 계율 이야기는 말로 꺼내기가 진실로 조심스럽다.

계율의 잣대를 가장 먼저 적용해야 할 대상은 바로 나 자신이다. 나의 탐진치를 다스리는 도구로 계율이 적절히 사용될 때 의미가 있다. 타인을 향해 높은 기준을 적용하거나 타인의 행위를 비난하기 위한 도구로 쓰여서는 아무 이득이 없다. 계율은 율사만 알고 율사만 지키면 된다는 생각도 문제다. 계법의 기준으로는 알면서 안 지키거나 못 지키는 것보다 모르는 것 자체가 더 큰 죄다. 물론 경우에 따라 아는 것과 실천하는 것이 꼭 일치하지 않을 수는 있다. 문제는 자신은 전혀 모르면서 아는 사람을 비난하거나 반이라도 실행하려고 노력하는 이에게 나머지 반을 안 지킨다고 비난하는 것이다. 이런 자세는 수행자가 지녀야 할 이상적 태도가 아니다.

영성의 시대라고 불릴 만큼 동서양과 종교를 불문하고 영성에 대한 관심이 높아졌다. 누구나 깨어날 수 있는 시대이고 그 깨어남이 스승과 제자 간에 닫힌 공간에서 점검되고 전수되는 방식이 아니라 열린 공간에서 전부 오픈되는 시대다. 출가·재가뿐만 아니라 불교

외의 타 종교인도 부처님의 가르침을 통해 깨어나는 사람들이 많고 온라인을 통해 자신들의 공부 경험을 자유롭게 나누고 있다. 이러한 시대에 '과연 출가자와 승가는 어떠한 존재가치를 가질까?'라는 질문이 스스로에게서 끊이지 않는다. 선문의 돈오법을 이야기하는 재가자들이 던지는 승가를 향한 비판이 때로는 너무 날카롭고 예리해서 듣기에 아프다. 불이법不二法 혹은 무위법을 설하는 출가자들의 법문도 때로는 나를 고민스럽게 만든다. '계율도 궁극에는 옳다 그르다는 분별심을 바탕으로 하는 상相에 대한 집착이다.' 내지 '계율도 벗어나야 한다.'라는 설명이 이법理法의 관점에서는 분명한 말이지만 현상現相과 사법事法의 세계에서도 오해 없이 전달될까 염려되기 때문이다.

이러한 때에 교학과 수행 측면에서 턱없이 부족한 초학자가 율장 이야기를 하는 것은 제 발등을 찍는 일이 아닐까 싶다. 스스로 지어온 삼업을 돌아보면 더욱 참괴심이 생긴다. 그럼에도 불구하고 용기를 낸 것은 초학자들의 정견 확립에 도움 되기를 바라는 마음 때문이다. 부족하지만 계율에 대한 고민을 함께 나눔으로써 '계학'의 허약성을 스스로 극복하여 궁극에는 '조견오온개공 도일체고액'을 성취하는 이가 많아지고 선종의 가풍이 살아나기를 바란다.

이 책에 등장하는 이야기들과 사상은 율장 연구와 실천 및 후학 양성에 열정을 바친 스승들로부터 배우고 익힌 것이다. 혹여 잘못된 부분이 있다면 전적으로 필자의 수행과 공부가 부족한 탓이니 너그럽게 봐 주시기 바란다. 계학의 기틀이 튼튼해지는 때가 되면, 앞에서 나눈 많은 이야기들이 봄볕에 눈송이 스러지듯 힘을 잃고 이 책은 별 쓸모가 없어질 것이다. 그런 날이 오기를 진심으로 발원한다.

끝으로 부족한 후학에게 과분한 격려와 당부로 관심 가져 주시고 흔연히 추천사를 써 주신 어른스님의 자비에 깊이 감사드리며, 자유와 성품性品을 지향하는 시대에 규범과 사상事相을 이야기하는 계율 서적을 만들기로 결심해 주신 담앤북스의 석담 거사님과 직원분들에게도 고마움을 전하고, 멋진 삽화를 그려 준 도반스님의 수행 또한 원만히 성취되기를 기원한다.

초학자와 함께하는

계율 공부

초판 1쇄 발행　2023년 7월 18일

지은이　정현
펴낸이　오세룡
편집　손미숙 박성화 윤예지 여수령 허승 정연주
기획　최은영 곽은영 최윤정
디자인　고혜정 김효선 박소영 최지혜
일러스트　서주
홍보·마케팅　정성진

펴낸곳　담앤북스
서울특별시 종로구 새문안로3길 23
경희궁의 아침 4단지 805호
전화 02)765-1251(영업부) 02)765-1250(편집부)
전송 02)764-1251
전자우편 dhamenbooks@naver.com

출판등록 제300-2011-115호

ISBN 979-11-6201-405-9 03220

정가 16,800원